EMERSON WAGNER MAINARDES

Luísa Mainardes REVISÃO E EDIÇÃO

Marketing e vendas no pós-pandemia

11 AÇÕES DE MERCADO PARA O NOVO NORMAL

Copyright © 2022 by Editora Letramento
Copyright © 2022 by Emerson Wagner Mainardes

Diretor Editorial | **Gustavo Abreu**
Diretor Administrativo | **Júnior Gaudereto**
Diretor Financeiro | **Cláudio Macedo**
Logística | **Vinícius Santiago**
Comunicação e Marketing | **Giulia Staar**
Assistente de Marketing | **Carol Pires**
Assistente Editorial | **Matteos Moreno e Sarah Júlia Guerra**
Designer Editorial | **Gustavo Zeferino e Luís Otávio Ferreira**
Revisão | **Fernando Alves**

Todos os direitos reservados. Não é permitida a reprodução desta obra sem aprovação do Grupo Editorial Letramento.

Dados Internacionais de Catalogação na Publicação (CIP) de acordo com ISBD

M224m	Mainardes, Emerson Wagner
	Marketing e vendas no pós-pandemia: 11 ações de mercado para o novo normal / Emerson Wagner Mainardes. - Belo Horizonte, MG : Letramento, 2021.
	178 p. ; 15,5cm x 22,5cm.
	Inclui bibliografia.
	ISBN: 978-65-5932-256-5
	1. Marketing. 2. Vendas. 3. Pós-pandemia. I. Título.
2022-3378	CDD 658.8
	CDU 658.8

Elaborado por Vagner Rodolfo da Silva - CRB-8/9410

Índice para catálogo sistemático:
1. Marketing 658.8
2. Marketing 658.8

Rua Magnólia, 1086 | Bairro Caiçara
Belo Horizonte, Minas Gerais | CEP 30770-020
Telefone 31 3327-5771

editoraletramento.com.br • contato@editoraletramento.com.br • editoracasadodireito.com

PREFÁCIO 9

INTRODUÇÃO 11

1. **11 AÇÕES DE MERCADO EM MARKETING E VENDAS PARA O PÓS-PANDEMIA** 15

18 Ação 1 – Revise e atualize seu mix de produtos e serviços

18 Ação 2 – Construa a imagem da sua marca e divulgue para o mercado

19 Ação 3 – Reveja sua política de preços e benefícios aos clientes

19 Ação 4 – Caracterize os seus clientes e dê foco a quem faz bons negócios com você

19 Ação 5 – Fale com seus clientes a partir de um plano de relacionamento individualizado

20 Ação 6 – Descubra por que seus clientes compram de você

20 Ação 7 – Faça pesquisa com clientes, de mercado e de concorrentes

20 Ação 8 – Pense em seus canais de vendas e planeje canais de vendas físicos para o pós-vacina

21 Ação 9 – Desenvolva (ou atualize) toda a sua estratégia digital

21 Ação 10 – Planeje sua comunicação integrando comunicação digital com tradicional

22 Ação 11 – Elabore um detalhado plano de captação de clientes

2. **REVISE E ATUALIZE SEU MIX DE PRODUTOS E SERVIÇOS** 23

24 Usar a criatividade na inovação de produtos e serviços

25 A inovação em produtos e serviços é um caminho para o pós-pandemia

26 O primeiro cliente da inovação é o vendedor

27 Novos produtos e serviços para mercados em crescimento no pós-pandemia

27 Produtos e/ou serviços e sua conexão com grupos emergentes de clientes

29 Como revisar e atualizar o mix de produtos e serviços

3. CONSTRUA A IMAGEM DA SUA MARCA E DIVULGUE PARA O MERCADO 31

32 O consumidor e as marcas

33 O papel das marcas na atração de clientes

33 Como construir uma marca de sucesso?

34 Comunicação da marca

36 Valor da marca

37 Reduzindo o valor da marca: más notícias

38 Melhorando o valor da marca: responsabilidade social no novo normal

39 Como destacar marcas novas

40 Marcas não são só para produtos e serviços de empresas

41 As marcas na vida das pessoas

42 O que falta descobrir?

4. REVEJA SUA POLÍTICA DE PREÇOS E BENEFÍCIOS AOS CLIENTES 43

44 Preço, qualidade e valor

45 Preço, competitividade e clientes

47 Dicas para precificação

48 Comunicação de preços

49 Recomendações para políticas de preços

51 Negociando preços

52 Concedendo descontos

54 Promoções de preços

55 Depois da promoção de vendas

55 O outro lado: vendendo com preço altos

56 Um desafio: preços de produtos sazonais

57 Por que *e-commerce* é mais barato?

58 Eventos que afetam os preços

60 Preços e pós-pandemia

5. CARACTERIZE OS SEUS CLIENTES E DÊ FOCO A QUEM FAZ BONS NEGÓCIOS COM VOCÊ 61

62 O cliente ideal

63 Clientes evoluem: clientes do século 20 e 21

64 É preciso escolher bem os seus clientes

65 Tentando vender para os clientes errados

66 O que o cliente pensa da empresa?

68 Caracterizando os seus clientes: a *persona*

69 Será que o cliente sempre tem razão?

70 Melhore o atendimento aos seus clientes

72 A retenção de clientes

72 Empresas morrem por falta de clientes

73 Empresas que ganharam clientes rapidamente

74 Por que investir no cuidado com os clientes?

6. FALE COM SEUS CLIENTES A PARTIR DE UM PLANO DE RELACIONAMENTO INDIVIDUALIZADO 76

77 Relacionamento e competitividade

78 É preciso falar com os clientes

79 A arte da negociação

80 Atendimento automatizado e o relacionamento com os clientes

81 A busca por relacionamento exige pessoalidade

82 Aprofunde os relacionamentos: namore seus clientes

83 Ultrapasse as formalidades: ame seus clientes

84 Torne seus clientes parceiros do negócio e cocrie com eles

86 Avalie o seu atual relacionamento com os clientes

87 Desenvolvendo programas de relacionamentos com clientes

88 Quando o relacionamento não vai bem: "Reclame aqui"

89 Um alerta: relacionamento só por interesse não funciona!

7. DESCUBRA POR QUE SEUS CLIENTES COMPRAM DE VOCÊ 91

92 A competitividade de empresas no mercado

93 Os desafios da competitividade

94 Saiba as vantagens competitivas dos seus concorrentes

94 Descobrindo as suas vantagens competitivas

95 Dicas para aumentar a competitividade da empresa

96 Dicas para adquirir diferenciais competitivos

97 Como não fazer posicionamento de produtos, serviços e marcas

98 Competição pós-pandemia?

99 Falta de vantagens competitivas: produtos que fracassaram

100 Bons exemplos: empresas de sucesso

101 Em busca da vantagem competitiva

8. FAÇA PESQUISA COM CLIENTES, DE MERCADO, DE CONCORRENTES 102

103 Tipos de pesquisa

105 Como escolher o tipo de pesquisa certo

106 Pesquisa de mercado usando tecnologia

107 Dicas para pesquisar clientes

108 Dicas para pesquisar concorrentes

109 Dicas para pesquisar o mercado

110 Métodos emergentes de pesquisa: do *big data* ao neuromarketing

111 Erros de pesquisa

112 Analistas esportivos x Pesquisadores de marketing

113 Desafios do pesquisador de marketing no Brasil

9. PENSE EM SEUS CANAIS DE VENDAS E PLANEJE CANAIS DE VENDAS FÍSICOS 116

117 Clientes avessos ao *e-commerce*

118 Uma estratégia de variados canais de vendas reduz o risco do negócio

119 Interdependência dos canais de vendas: estratégias *omnichannel*

120 Dicas para o varejo físico pós-pandemia

120 Dicas do que não fazer no varejo

121 O que é *merchandising?*

123 O poder da vitrine

124 O papel do vendedor no varejo pós-pandemia

125 Vantagens e desvantagens de uma franquia

127 Inovações em *shopping centers*

128 Lojas do futuro

129 Varejo físico e ambiente digital

10. DESENVOLVA (OU ATUALIZE) TODA A SUA ESTRATÉGIA DIGITAL 131

132 Tecnologias passadas, presentes e futuras no marketing digital

133 Novidades tecnológicas

134 Consumidor *figital*

135 O poder de comunicação das redes sociais

136 Cuidado com a dependência do digital

137 O que não fazer no marketing digital

138 Dia das Crianças: um exemplo de estratégia digital dirigida

139 Convergência do real com o digital

141 Conecte a sua comunicação digital com a sua comunicação tradicional

11. PLANEJE SUA COMUNICAÇÃO INTEGRANDO COMUNICAÇÃO DIGITAL COM COMUNICAÇÃO TRADICIONAL 143

144 O que é um mix de comunicação de marketing?

145 O que não fazer no mix de comunicação?

146 Comunicação de marketing e o comportamento do consumidor

147 A equipe de vendas como elemento da comunicação de marketing

149 Comunicação de marketing e captação de clientes

149 A propaganda como comunicação de marketing

150 Por que é comum confundir marketing com propaganda?

152 Campanhas de comunicação de destaque que integram o tradicional com o digital

152 Será o fim das mídias tradicionais?

154 Dicas para fazer comunicação tradicional

155 O papel social da comunicação das empresas

12. ELABORE UM DETALHADO PLANO DE CAPTAÇÃO DE CLIENTES 157

158 Planejando a captação de clientes

159 Buscar clientes é atividade do dia a dia

160 Conquistar clientes é sempre necessário

161 *Leads* e *Prospects*

163 Técnicas de captação de clientes

164 Dicas para captação de clientes

165 Captando clientes dos concorrentes

166 O que não fazer para captar clientes

167 O vendedor como captador de clientes

168 O desafio das *startups*: captar clientes

169 O Natal como oportunidade de captação de clientes

170 "Em Busca da Felicidade": um exemplo de captação de clientes

171 "Do que as Mulheres Gostam": mais um filme sobre clientes

172 Captação de clientes e metaverso

DICAS FINAIS 174

DICAS DE LEITURA 177

PREFÁCIO

Os anos de 2020 e 2021 foram dos mais desafiadores. Junto com grandes movimentos estruturais tecnológicos, econômicos e políticos que vinham mudando drasticamente a forma das pessoas se conectarem, produzir e fazer negócios, o mundo sofreu um grande choque que atingiu a todos, de muitas maneiras diferentes, trazendo para as nossas vidas um "novo normal" pós-pandemia.

A Covid-19 impôs a todos, pessoas, empresas e governos, a necessidade de ações rápidas e emergenciais para lidar com a crise sanitária. Parte relevante das medidas se relacionava com o distanciamento social, que contribuiu de forma decisiva para acelerar muitas inovações. A "modernização forçada" em diversos processos, como o *home office*, o ensino a distância, o maior uso das redes para conectar as pessoas e a escalada dos serviços de entrega, são alguns exemplos mais vistos durante os anos de pandemia.

Os setores de comércio e serviços foram dos mais afetados. Muitas empresas precisaram se reinventar e se reposicionar rapidamente com seus processos, junto com o vai e vem dos decretos de abertura e fechamento dos estabelecimentos. Para se ter uma ideia do tamanho do desafio, o setor de comércio voltou a níveis de atividade pré-pandemia apenas em março de 2021, enquanto o setor serviços só voltou no segundo semestre de 2021, mais de um ano depois do decreto de calamidade promulgado pelo Congresso Nacional em março de 2020.

Porém, a partir desse período de grande dificuldade surgem oportunidades trazidas pelas experiências aprendidas durante a pandemia. Esse aprendizado pode ser transformado em ganhos em produtividade futura para as empresas.

Assim, o mundo pós pandemia é uma combinação dos dois mundos: o mundo da pré-pandemia e o mundo da pandemia. Todos nós usaremos o que de melhor experimentamos nesses dois mundos, e, por isso, esse novo normal precisa ser muito bem entendido, pois mudanças profundas aconteceram em nossa sociedade.

Emerson Wagner Mainardes e Luísa Mainardes procuram, em seu livro "**Marketing e Vendas no Pós-Pandemia: 11 Ações de Mercado para o Novo Normal**", discutir toda essa experiência observada e aprendida e aplicar ao nosso "novo mundo", que é um mundo pós-pandemia aplicada ao marketing e vendas.

Além disso, todos nós somos resultado das nossas experiências, somos "novos consumidores". Esses passaram por novas e intensas experiências que acabam se refletindo em suas percepções, preferências e escolhas. Entender as mudanças é fundamental para entender os "novos consumidores" e como o marketing e a estratégia de vendas precisa se ajustar para conversar com eles.

O livro discute desde como os produtos são afetados pelo "novo normal" até a sua marca, comunicação e relacionamento com o "novo consumidor", dentre outras coisas. Além de contribuir para o avanço no tema, o livro traz uma leitura fácil e agradável e é uma grande contribuição para a literatura.

BRUNO FUNCHAL
Doutor em Economia
CEO na Bradesco Asset Management
Ex-Secretário Especial do Tesouro e Orçamento
e Ex-Secretário do Tesouro Nacional

INTRODUÇÃO

Março de 2020. O Brasil declara que a doença causada pelo novo coronavírus, nomeada Covid-19, representa uma ameaça pandêmica ao mundo. Ao assumir a situação dessa nova doença, a vida de praticamente todos os brasileiros mudou, mas jamais se imaginou os impactos que uma pandemia teria no curto e no longo prazo. Faltavam experiência e conhecimento, visto que a última pandemia datava do início do século passado em um mundo completamente diferente da atualidade.

A proporção dos impactos reais da pandemia ainda era desconhecida por todos, pessoas e empresas. De uma hora para outra, viver, estudar e trabalhar se tornou tão diferente que muitos nem sabiam o que fazer ou por onde começar. Foi preciso agir rápido! Para evitar a disseminação do vírus, que ainda agia como um perigo silencioso, múltiplas ações foram tomadas quase de imediato e sem qualquer planejamento.

No trabalho, implementou-se o *home office* em larga escala. Nas escolas e universidades, todos os estudantes passaram a ter aulas online. E nas ruas, grande parte do comércio foi fechado, bem como os serviços de modo geral. Várias indústrias pararam de produzir. Somente restaram negócios de primeira necessidade, como supermercados e farmácias. Instaurou-se um ambiente completamente novo, desconhecido e desafiador.

Em um primeiro momento, operações de varejo e serviços foram migradas para o ambiente virtual, sem qualquer planejamento prévio. O mundo digital se tornou a única forma de vendas para boa parte das empresas. Muitos setores enfrentaram dificuldades. Obviamente, a pandemia atingiu negativamente variados setores, como a alimentação fora do lar, setor de vestuário, turismo, entretenimento e serviços em geral. O impacto foi forte e muitos ficaram pelo caminho.

Mesmo em meio a tantos obstáculos e dor, é preciso lembrar de uma velha máxima: o ser humano evolui na dificuldade! Então, estava na hora de evoluir. Ou buscava-se evoluir, ou estava fora do mercado. Nas empresas, ocorreu uma revolução especialmente em marketing e vendas, visto que, na falta de clientes, é preciso aprender a encontrar e captar novos clientes. O desafio da pandemia impôs às empresas afetadas o desenvolvimento de novas competências, entre elas está a observação dos novos comportamentos do mercado.

O mundo pós-pandemia exige reflexão e conhecimentos. Como será o marketing e vendas das empresas após superar essa doença global, que afetou absolutamente todos, pessoas, empresas e governos? Como o mundo continuará existindo após tantas mudanças? Com a digitalização de grande parte das empresas e do próprio consumidor, quando voltar a ser um mundo sem máscaras, quais estratégias as empresas deverão adotar para vender seus produtos? Há muitas possibilidades.

Pensando nessa realidade que nasceu a obra *Marketing e Vendas no Pós-Pandemia: 11 Ações de Mercado no Novo Normal*, que começou com meras publicações nas redes sociais. A partir da observação da realidade, diversos artigos foram produzidos, retratando o momento da pandemia e o futuro esperado. Cada semana, três posts foram publicados com textos, vídeos e/ou imagens, revelando a situação do mercado para os profissionais de marketing e vendas, além de oferecer orientações sobre como proceder na pandemia e como se preparar para o pós-pandemia.

A partir de setembro de 2020, foram 212 publicações. Em um primeiro momento, os textos não estavam conectados, abordando assuntos do momento e trazendo orientações a profissionais de marketing e vendas. No ano seguinte, surgiu a ideia de produzir ações de mercado para que profissionais da área pudessem se preparar para o pós-pandemia. É importante relembrar que, no início de 2021, começou a vacinação em massa e a expectativa era que a pandemia caminhasse, gradualmente, para seu fim.

Mas não foi isso que aconteceu e, ao longo de 2021, a pandemia permaneceu, incluindo as restrições ao comércio, as dificuldades nas ofertas de serviços, o teletrabalho, entre outros. Foi nesse período que as 11 ações propostas neste livro foram desenvolvidas. De fevereiro a dezembro de 2021, todas as 11 propostas foram apresentadas ao público das redes sociais, uma a cada mês. Finalizada a décima primeira, nasceu a ideia de juntar todo esse conhecimento produzido ao longo do ano e desenvolver este livro.

Todos os artigos foram reunidos, conectados, melhorados e aprofundados. Cada mês virou um capítulo e juntos viraram as 11 ações de mercado para o pós-pandemia. Esta obra, portanto, pretende ser um guia para auxiliar profissionais de marketing e vendas nas decisões a serem tomadas para agir no novo normal. É um conteúdo muito atual, que traz o que há de mais importante em marketing e vendas e conecta tais conhecimentos à nova realidade do pós-pandemia, muito mais digital do que antes.

Isso porque, mesmo nos negócios mais avessos ao mundo da internet, a influência digital irá influenciar ainda mais o comportamento dos consumidores, uma importante característica do novo normal. Mesmo que de maneira forçada, a população aprendeu a usar o ambiente online para consumir e, provavelmente, em um futuro sem pandemia, a comparação entre o consumo físico e virtual será constante. Se antes o ambiente digital tinha problemas com geração de impulsos de compra e dependia de preços agressivos para fazer frente ao varejo físico, agora, as pessoas se sentirão bem mais à vontade para deixar que seus comportamentos impulsivos também ocorram no meio digital.

Na convergência física e digital, é preciso pensar em formas de trabalho conjunto e não em ambientes concorrentes. Considera-se que o futuro é um modelo híbrido físico e virtual, aproveitando as vantagens de cada um. Enquanto o ambiente físico oferece o contato com produtos e serviços, o apoio de vendedores e a socialização com outros clientes, o ambiente virtual oferece mais informações, possibilidades e comparações.

Ao projetar o mundo pós-pandemia, os negócios não serão somente virtuais ou físicos. A mescla físico-virtual tende a ser a principal fonte de competitividade, principalmente do varejo, que, por consequência, movimenta toda a indústria e o setor de serviços. Não parece ser viável pensar em um retorno ao passado. Vê-se um futuro físico-digital, sem uma separação clara de um e de outro, uma mistura favorável aos consumidores e às empresas. Em resumo, um novo normal!

Refletindo sobre a nova realidade, nos próximos capítulos, detalha-se as 11 ações que podem nortear a atuação do marketing e vendas no pós-pandemia. Essas ações surgiram de estudos e observações, representando um caminho viável para direcionar as empresas para o "novo normal". Espera-se que as reflexões contribuam para o desempenho das empresas do mercado brasileiro, especialmente aquelas mais fortemente impactadas com a pandemia. Boa leitura!

1

11 AÇÕES DE MERCADO EM MARKETING E VENDAS PARA O PÓS-PANDEMIA

Um dos principais desafios dos profissionais de marketing e vendas é saber como agir frente a episódios inesperados. Eventos econômicos ou sociais que acontecem repentinamente impactam primeiro nos profissionais de mercado, com o surgimento de variadas oportunidades ou ameaças que podem favorecer ou prejudicar seriamente os negócios. Nesse tipo de acontecimento, os profissionais de marketing e vendas são chamados para agir, já que são os principais responsáveis pelo faturamento das empresas.

Fatos históricos, como o *crash* da bolsa de valores de 1929, a crise do petróleo na década de 1970, o efeito do *subprime* nos Estados Unidos sobre as bolsas de valores do mundo todo em 2008 e a maior crise sanitária da história em 2020, impactam diretamente no desempenho das empresas em praticamente todos os mercados.

Especialmente a crise da Covid-19 tem nos ensinado como mudar rapidamente. Negócios tradicionalmente bem desenvolvidos e com grandes mercados tiveram que se reinventar. Os setores de turismo, eventos e aviação civil sentiram a força das medidas sanitárias, como o isolamento social e a não aglomeração. O varejo tradicional teve de migrar forçadamente para o varejo virtual. As empresas tiveram de aprender novas formas de fazer negócios e de se relacionarem com os seus clientes.

Devido a tudo isso, em 2020, o profissional de marketing e vendas também teve de se reinventar. Sobretudo em áreas que sofreram fortemente, como o setor de serviços, que geralmente é composto por atividades de interação humana. Esse profissional teve que buscar alternativas e soluções, em prol da necessidade de sobrevivência. Enquanto isso, setores como o comércio online tiveram imensas oportunidades. O profissional que estava nesses espaços, tanto aqueles ameaçados quanto aqueles que contavam com grandes oportunidades, tiveram que mudar a sua forma de agir. Jamais se exigiu tanto desse profissional como em 2020.

O primeiro desafio que precisou ser vencido foi a entrada das empresas que estavam fora do ambiente virtual à internet. Várias das empresas não estavam preparadas para isso e realizaram uma entrada completamente desorganizada, além de terem que aprender rapidamente como viver à distância de seus clientes. Basta olhar aplicativos de refeições — como Ifood, Uber Eats e Rappi — e lojas *e-commerce* na modalidade *marketplace* — como Mercado Livre, Americanas e Magalu — para observar que as empresas entrantes não estavam preparadas para isso. Ofertas inadequadas, produtos e serviços sem qualquer apelo, design visual muito simples e pouco atraente, são alguns exemplos. A pressa atrapalhou a entrada das empresas no ambiente virtual.

Outro desafio foi a forma de vender. Como vender? Como fazer com que os clientes se interessassem? Muitas vezes era um cliente distante que estava com restrição financeira. Esse desafio teve de ser superado ou, pelo menos, as empresas que o superaram conseguiram sobreviver. Aquelas que não conseguiram alcançar os seus clientes neste momento de pandemia, que se estendeu para 2021, realmente ficaram pelo caminho. É lamentável, pois o real desafio foi se relacionar com os clientes, conquistá-los e realizar vendas.

O certo é que profissionais de marketing e vendas já não ocupavam posições confortáveis. A evolução dos mercados globais resultou em aumento de competição e muita oferta de produtos e serviços. E isso vinha se refletindo nas responsabilidades dos profissionais cuja missão é atrair e reter clientes. Só que, com a brusca mudança do ambiente de mercado, os profissionais de marketing e vendas tiveram de enfrentar uma realidade completamente desconhecida.

Por exemplo, a virtualização de grande parte dos negócios tornou-se uma necessidade. Quem estava focando nesse ambiente virtual se deu bem. Para outros, foi preciso aprender sobre plataformas de *e-commerce*, redes sociais, aplicativos das empresas, entre outros. Tudo isso no intuito de se aproximar dos clientes e gerar negócios.

Em resumo, a questão a ser respondida pelos profissionais de marketing e vendas é: Como conduzir os negócios no pós-pandemia?

O caminho pós-pandemia indica ser uma nova forma de agir, pois vivemos o novo normal. Isso significa **planejamento**. Apesar dos planos para 2020 terem dado tão errado, é importante destacar que se alguém tivesse uma visão muito profunda, teria observado que aquele primeiro movimento que aconteceu na China, no final de 2019, teria reflexo global. Sinceramente, poucas pessoas tiveram essa visão, mas agora fica a lição: foi um período de aprendizado.

Olhando para frente, a principal recomendação é sentar e rever o que aconteceu em 2020 e 2021. Observar o que foi feito e se planejar, programando uma nova era, diferente da vida antes da pandemia. É preciso estruturar formas de vender, precificação, canais de comunicação, virtualização do negócio, segmentação de mercado, construção e desenho do perfil do cliente da empresa. Em resumo, reformular todas as estratégias e táticas que até pouco tempo atrás funcionavam perfeitamente.

Um dos aspectos mais marcantes é o novo relacionamento com os clientes. Relacionamento é coisa séria, mas ainda se observa como várias empresas, e principalmente profissionais de marketing e vendas, dão pouca atenção a isso. A conquista e a retenção de clientes vem prioritariamente do relacionamento e, em virtude do aprendizado com a pandemia, ele tende a ser virtual. Então, é necessário deixar de ser um relacionamento impessoal e mecanizado para ser um relacionamento próximo e que venha a construir uma conexão entre a empresa e cada um dos seus clientes.

Graças à pandemia, surgiram variados meios e canais para isso. Podemos exemplificar: aplicativos de mensagens (WhatsApp e Telegram), plataformas digitais de interação com os clientes (como Zoom, Teams e Google Meet) e novas aplicações em redes sociais. Também se observa a implementação de novos canais de vendas virtuais, especialmente os aplicativos. Todas essas novidades obrigam os profissionais de vendas a novamente planejarem as suas ações, pois as soluções do passado parecem não se adequar ao novo normal.

Só que há algo mais. Para um mundo pós-pandemia, o mais importante é ter uma atitude positiva. De nada adianta desenvolver a técnica e o domínio de novas ferramentas, se não tiver uma atitude voltada para resolver os problemas enfrentados. E esse é exatamente o primeiro passo. De nada adianta estudar, se preparar e se planejar, se falta uma atitude propensa a resolver as questões e a achar os caminhos e soluções. O novo normal exige um novo profissional de marketing e vendas. Então, o que fazer?

Tentando colaborar com o seu planejamento de marketing e vendas, são propostas abaixo 11 ações para você, de uma forma simples e prática, construir um bom planejamento de mercado pós-pandemia. Ao longo dos demais capítulos deste livro, cada ação será aprofundada, mas já adianto a fórmula toda:

AÇÃO 1 – REVISE E ATUALIZE SEU MIX DE PRODUTOS E SERVIÇOS

Um dos maiores legados de 2020 foi o "novo normal". Essa nova realidade elevou a importância de alguns produtos e serviços e fez outros perderem força junto aos clientes. Assim sendo, é preciso repensar o mix de produtos e serviços. O que se tornou mais relevante aos clientes? O que vendia bem e teve as vendas reduzidas? Faça uma aprofundada análise do seu portfólio de produtos/serviços para ver como se comportou cada item, visto que isso é relevante para saber em qual investir. Outro ponto é prever o lançamento de produtos e serviços alinhados ao novo normal.

AÇÃO 2 – CONSTRUA A IMAGEM DA SUA MARCA E DIVULGUE PARA O MERCADO

A marca continua sendo uma das principais fontes de vantagem competitiva das empresas. Independente da realidade de cada setor, marcas fortes significam mais vendas. Isso exige um plano bem estruturado e inserção e reforço da marca no mercado, seja no meio tradicional, seja no digital. Comece revendo o posicionamento de sua marca, ou seja, o que ela significa para seus clientes. É positivo? Reforce-o. E se não for o que você espera? Elabore um bom plano de construção da imagem da sua marca, associando-a ao valor que seus clientes atribuem a ela e aos produtos/serviços. A marca é a sua imagem do mercado, então cuide bem dela, de modo profissional.

AÇÃO 3 – REVEJA SUA POLÍTICA DE PREÇOS E BENEFÍCIOS AOS CLIENTES

Em virtude dos novos tempos, é possível que a sua política de preços esteja fora de sintonia com o mercado. Nesse momento, é relevante revê-la, assim como as necessidades dos seus clientes. Seus produtos/ serviços estão caros demais? Baratos demais? Ajustar-se ao mercado é necessário, pois é pelo preço que os clientes julgam a qualidade e adquirem expectativas sobre o que estão comprando. Aproveite para planejar antecipadamente as suas políticas de descontos. Elas estão em linha com as demandas dos clientes? Também é preciso considerar benefícios diversos, como brindes, fretes, prazos de entrega e formas de pagamento, por exemplo.

AÇÃO 4 – CARACTERIZE OS SEUS CLIENTES E DÊ FOCO A QUEM FAZ BONS NEGÓCIOS COM VOCÊ

Vá para o seu cadastro de clientes e busque encontrar os melhores clientes. Como eles são? Onde eles moram? O que eles compram? Quais demandas são atendidas com os seus produtos/serviços? Tente encontrar o cliente típico que já compra de você para ir atrás de novos clientes com as mesmas características. Se realmente quiser ir a fundo, procure por plataformas de segmentação/clusterização de clientes. Mais fundo ainda? Calcule o valor de seus clientes. Existem variadas plataformas de *Customer Lifetime Value* (CLV) que te ajudam a dizer quanto valem os seus clientes e quais você deve captar. Lembre-se, é preciso conhecer quem é o real cliente da empresa e, se forem muitas as possibilidades, selecione o mais adequado.

AÇÃO 5 – FALE COM SEUS CLIENTES A PARTIR DE UM PLANO DE RELACIONAMENTO INDIVIDUALIZADO

Você ouve seus clientes? Perca o medo e fale com eles. Não há problema em escutar algumas críticas. Isso é bom e mostra que o cliente tem interesse pela sua empresa e/ou pelos seus produtos/serviços. Seja proativo, faça contatos e peça opiniões. Evite fazer contatos só para vender, faça para escutá-los. O planejamento dos contatos passa necessariamente pela elaboração de um plano de relacionamento individualizado. Pense em seus clientes como pessoas — mesmo que eles sejam empresas, é sempre uma relação entre pessoas — e desenvolva um plano para que essa conexão seja produtiva para os dois lados. Só assim para entender e atender as demandas dos seus clientes, construindo uma relação sólida e perene.

AÇÃO 6 – DESCUBRA POR QUE SEUS CLIENTES COMPRAM DE VOCÊ

Você conhece as suas vantagens competitivas? Esse tem sido um dos pontos mais fracos de boa parte das empresas. Elas simplesmente não sabem os motivos dos clientes comprarem da sua marca, o que é nada menos que a sua vantagem competitiva. Como competir no mercado sem saber a sua vantagem perante os concorrentes? Não é para adivinhar. Aproveite os contatos com os clientes para descobrir o que você tem de superior perante a concorrência. É a sua marca? Seu preço? Sua relação custo-benefício? Seu desempenho? Sua agilidade? Para seus clientes você é o número um em algo. Que algo é esse?

AÇÃO 7 – FAÇA PESQUISA COM CLIENTES, DE MERCADO E DE CONCORRENTES

Na era da informação, do conhecimento e do *Big Data*, é quase inacreditável que muitas empresas ainda não façam pesquisa e, consequentemente, tomem decisões sem qualquer base para sustentar suas escolhas. Esse é seu caso? Com a abundância de dados e com o acesso facilitado aos clientes, fazer pesquisa é relativamente fácil. O que falta? Possivelmente, conhecimento sobre pesquisa. Portanto, recomendo aprender sobre isso. Cursos específicos ou mesmo um curso de mestrado podem resolver isso. Pesquisar não somente clientes, mas o mercado em busca de oportunidades e concorrentes para fazer *benchmark*.

AÇÃO 8 – PENSE EM SEUS CANAIS DE VENDAS E PLANEJE CANAIS DE VENDAS FÍSICOS PARA O PÓS-VACINA

Já imaginou como será o comportamento dos consumidores logo que se encerrem as medidas que restringem circulação e aglomeração? Após a vacinação em massa, provavelmente ocorrerá uma corrida alucinada para os canais de vendas físicos. Shoppings, cinemas, hotéis, restaurantes e lojas em geral. As pessoas estão loucas para saírem de casa. Você está preparado para isso? Planeje canais de vendas físicos para implementação logo após a vacinação, mesmo que você não tenha operação física. As pessoas não vão abandonar o ambiente digital, longe disso, mas deverá ocorrer um equilíbrio entre ambos, com alguma vantagem para os canais de vendas físicos nos meses seguintes à vacinação. Depois, deve equilibrar, com públicos certos, tanto para canais digitais, quanto físicos.

AÇÃO 9 – DESENVOLVA (OU ATUALIZE) TODA A SUA ESTRATÉGIA DIGITAL

A pandemia nos ensinou a importância dos canais de vendas digitais, mas acontece que todos migraram para o meio digital. Como se diferenciar? Um plano bem elaborado de presença digital, que faça convergir diferentes meios para um único propósito: alcançar os clientes em qualquer parte do planeta. Um bom plano para o ambiente digital deve consolidar presenças em canais mais usuais, como sites, comunicação em mecanismos de busca e redes sociais e incorporar novidades. Que ferramentas usar? Marketing e vendas via WhatsApp e aplicativos próprios parecem ser as ferramentas digitais da vez. Especialmente, aposta-se muito em aplicativos como tendência para captação e retenção de clientes, sobretudo se vier aliado ao *inbound marketing*.

AÇÃO 10 – PLANEJE SUA COMUNICAÇÃO INTEGRANDO COMUNICAÇÃO DIGITAL COM TRADICIONAL

Não basta ter um bom produto/serviço com preço adequado e disponível em variados canais físicos e digitais. É preciso avisar os clientes. É preciso comunicação! Nesse mercado tão disputado em qualquer ambiente, seja virtual ou tradicional, é preciso fazer a marca, a empresa e os produtos/serviços se tornarem conhecidos pelos clientes. A comunicação de marketing sempre foi importante e agora, mais do que antes, é preciso planejar a comunicação para se diferenciar das muitas ofertas do mercado. Porém, como fazer comunicação eficaz? Um acompanhamento profissional é o mais recomendado. Vale a pena investir em comunicação, pois quem não é visto, não é lembrado e quem não é lembrado, não é comprado!

AÇÃO 11 – ELABORE UM DETALHADO
PLANO DE CAPTAÇÃO DE CLIENTES

Captar clientes deve ser assunto diário na maior parte das empresas. É preciso lembrar: seu faturamento só cresce de duas formas, mais vendas para os clientes atuais ou mais clientes comprando. Portanto, a última recomendação é a elaboração de um plano contínuo de captação de clientes. Tudo começa com os clientes atuais, planeje-se para pedir indicações. Depois, vá para o mercado e procure pelos clientes potenciais que mais se interessam por aquilo que tens a oferecer. Há espaço no mercado? Há clientes a conquistar? Existem muitos clientes, mais do que é possível alcançar, portanto, é preciso estudar e fazer treinamentos que te ajudem a construir um bom plano de captação de clientes. Por que fazer tudo isso?

Encerro este primeiro capítulo reiterando: **o primeiro problema de uma empresa é ter clientes**, pois a única fonte de recursos financeiros de uma empresa é a sua base de clientes ativos. Não tem outra entrada de dinheiro. Hoje em dia, isso é cada vez mais relevante, pois os ganhos oferecidos pelo mercado financeiro tendem a ser menores e/ou mais arriscados. E o mercado financeiro não é para amadores, ou seja, não está ao alcance de grande parte dos empreendedores e gestores.

Você pode criar uma empresa com os melhores gestores financeiros, com as melhores políticas de recursos humanos, com os melhores processos operacionais, com a melhor logística e com os melhores fornecedores. Se não tem clientes, a sua empresa está fadada a fracassar. **Sem clientes, sem dinheiro!**

Portanto, use estas ações para resolver a principal questão das empresas, especialmente as *startups*: a obtenção de clientes. **Tendo clientes, o restante você resolve, mas sem clientes, nada feito!**

2

REVISE E ATUALIZE SEU MIX DE PRODUTOS E SERVIÇOS

A primeira ação sugerida é **revisar e atualizar o mix de produtos e serviços da empresa**. Isso porque determinados tipos de produtos e serviços foram fortemente afetados pela pandemia, como turismo, eventos, lazer e centros comerciais, só para citar alguns.

Por causa disso, diariamente, vemos empresas desses setores fechando as portas ou mesmo pressionando governos para retomarem suas atividades apesar dos riscos não superados da pandemia. Por outro lado, existiram algumas empresas desses setores que resolveram pensar em como ampliar as possibilidades de seus produtos e serviços cumprindo as regras impostas pela pandemia. Essas empresas mostram como é possível abrir espaço para novos segmentos de mercado em seus negócios e lançam produtos e serviços que tendem a se solidificar no pós-pandemia.

Um exemplo disso foram alguns cinemas na Coreia do Sul, que fecharam em virtude da pandemia e optaram por alugar as suas salas para *gamers*. O serviço é o seguinte: alguns poucos jogadores levam seus equipamentos, alugam o espaço por algumas horas e jogam no telão do cinema. Brilhante! Quem poderia imaginar tal serviço? Enquanto algumas redes de cinemas fizeram malabarismos para não falir, ou mesmo pediram benesses aos governos no período da pandemia, que já estavam com suas contas fortemente impactadas, outras procuraram alternativas. Quem poderia imaginar levar jogadores de videogame para o cinema? Realmente, só quem pensa profundamente em seus produtos e serviços e busca alternativas.

USAR A CRIATIVIDADE NA INOVAÇÃO
DE PRODUTOS E SERVIÇOS

Em contextos desafiadores, como é o caso da pandemia, a criatividade é quase uma obrigatoriedade. Para o lançamento de produtos e serviços inéditos, por exemplo, há muita coisa interessante a ser ofertada para a sociedade, mas que requer reflexão e disposição em correr riscos. **Por isso, o pós-pandemia parece ser a hora certa de inovar e levar novidades para o mercado, mesmo que elas pareçam impossíveis de serem realizadas.** Quer um exemplo? Pacotes de viagens vendidos nas prateleiras das lojas.

Você leu certo! *Pacotes de viagens colocados em prateleiras e acondicionados em caixas de CDs.* A ideia é de uma simplicidade genial. Dentro das caixas existem ingressos de passeios e vouchers de hotéis e restaurantes, acompanhados de roteiros turísticos dedicados ao destino em questão. Basta pegar uma dessas caixas, pagar pelo código de barras e pronto, você tem um pacote turístico em mãos. Como os pacotes não são significativamente caros, a compra por impulso poderia acontecer com variados clientes.

Tradicionalmente, a compra de pacotes turísticos é realizada com base em planejamentos antecipados, com muita pesquisa e negociações de preços. Já nesse formato criativo e inovador, os agentes de viagem e outros intermediários são dispensáveis. No impulso, você pode aproveitar e comprar um pacote turístico previamente elaborado para curtir algum final de semana com a família ou amigos. Sensacional! A inovação consiste em colocar em uma embalagem um serviço que geralmente requer esforço do comprador, com buscas por opções, compras antecipadas e reservas.

O que parece impossível — empacotar uma viagem e colocar na prateleira — na verdade, é bem possível. Esse é só um exemplo para mostrar às empresas que seus produtos e serviços apresentam múltiplas possibilidades. Basta pensar em como vencer os limites que os próprios profissionais de marketing e vendas impõem àquilo que vendem. Quer mais um exemplo?

Algumas companhias aéreas na Ásia e na Oceania criaram um serviço para pessoas que estavam com saudades de viajar. Quando alguém iria imaginar a venda de uma passagem aérea com saída e chegada para o mesmo lugar? Brilhante! Isso prova o quanto uma crise aguça a criatividade das empresas. Neste caso, descobriu-se um nicho de clientes que voam por prazer e não por necessidade. Este tipo de descoberta obtém-se pesquisando o mercado e captando clientes. Ao realizar a leitura dos desejos desse grupo específico, ficou mais fácil usar a criatividade. Bastou criar o serviço e captar os interessados.

Estes dois exemplos evidenciam o quanto a capacidade de ler o mercado, entender de clientes e ser criativo é essencial para se destacar no pós-pandemia. É claro que se a pandemia não tivesse acontecido, talvez as próprias companhias aéreas que criaram o serviço ainda não tivessem enxergado esse nicho, mas, na dificuldade, vale o esforço de estudar o mercado, analisar os clientes, fazer pesquisa e encontrar oportunidades. Depois, basta fazer a oferta adequada!

A INOVAÇÃO EM PRODUTOS E SERVIÇOS É UM CAMINHO PARA O PÓS-PANDEMIA

Considerando os exemplos citados, pode-se perceber que a **inovação** desperta o interesse dos profissionais do mercado. Desenvolver um produto ou serviço inovador e bem aceito pelos consumidores tornou-se sinônimo de sucesso empresarial, mas não deixa de ser um risco. Ao observar vários lançamentos ao longo da história, pode-se constatar que alguns eram produtos ou serviços excepcionais, com grande apelo no mercado, mas que fracassaram por variados motivos.

As chances de uma inovação dar certo e cair no gosto dos clientes são sempre bem menores do que as chances de fracasso. Inovar é sempre arriscado! Portanto, ao analisar produtos e serviços novos, o primeiro passo é refletir sobre quem seriam os seus clientes. Ou seja, a inovação em produtos/serviços deve ser desenvolvida pensando primeiramente nos potenciais clientes.

Há algum tempo foi lançada no mercado uma horta residencial, que requer ser regada a cada 25 dias. A horta foi desenvolvida em cápsulas e com formato minimalista, ocupando pouco espaço e dando pouco trabalho ao produtor da horta caseira. Este é um produto interessante e inovador, muito conectado com a realidade atual e com grande potencial pós-pandemia, mas quem seriam os clientes desse produto tão peculiar? Uma boa reflexão mostra, por exemplo, lares com poucas pessoas e com pouco espaço. Provavelmente, pessoas com mais escolaridade, que enxergam na horta uma espécie de hobby. Além disso, com o surgimento da pandemia, grande parte das pessoas passaram a valorizar o lar, em virtude do isolamento social. Também cabe destacar que este perfil, possivelmente, se preocupa em manter uma vida saudável, mas que não tem tempo e nem espaço para possuir uma horta tradicional.

Essa simples análise pode ser o ponto de partida para a captação de clientes, que sempre deve iniciar com uma descrição precisa e detalhada do perfil a ser atingido. Efetuar a segmentação de mercado e escolher o cliente-alvo requer uma boa análise de mercado para um novo produto/serviço inovador. Tendo realizado a escolha do alvo, vem o esforço de encontrar esses clientes. Onde eles estão? Como acessá-los? Aqui entram as técnicas de captação de clientes.

Para começar, identifique ambientes físicos e virtuais que concentram os clientes-alvo, fazendo comunicação digital com mensagem direcionada, objetivando captar *Leads* e *Prospects*. Ao obter os clientes, desenvolva relacionamentos, peça indicações, faça pesquisa e procure parcerias com organizações que concentram os clientes-alvo. Utilizar as recomendações dos clientes conquistados pode ser um próximo passo.

Há muito esforço envolvido para inserir uma inovação no mercado, pois tornar um produto ou serviço novo um verdadeiro sucesso é um grande desafio. **Não basta ter grande potencial, é preciso um forte trabalho de marketing e vendas.**

O PRIMEIRO CLIENTE DA INOVAÇÃO É O VENDEDOR

Para aumentar as chances de sucesso de uma inovação é preciso vencer primeiro a falta de confiança das equipes de vendas. Por alguma razão, se os profissionais que devem inserir o produto/serviço no mercado não acreditam nele, o "matam" já no nascimento.

O raciocínio é simples. Primeiro, é preciso "vender" o novo produto/serviço para os vendedores. Se o vendedor não acredita ou não confia no produto, ele não oferece. Se não oferece, os clientes ficam sem saber da existência do novo produto/serviço e, por consequência, não compram. Aí o produto está fadado ao fracasso.

É preciso considerar que o primeiro público de um produto/serviço novo é a equipe de vendas. Eles devem ser os primeiros a comprar, a experimentar, a ter ciência dos benefícios e resultados do lançamento que a empresa quer emplacar no mercado. São eles depois que, motivados pela crença das qualidades do produto/serviço, vão fazer ofertas para os clientes, com bons argumentos e muita disposição. São eles que transmitem aos clientes a confiança que eles precisam para aderir a uma novidade. Ou seja, quem quer tornar seu produto/serviço um sucesso no mercado, primeiro deve conquistar a equipe de vendas. Depois, eles farão o restante.

NOVOS PRODUTOS E SERVIÇOS PARA MERCADOS EM CRESCIMENTO NO PÓS-PANDEMIA

Levando em conta o potencial da inovação como solução para os desafios do mercado, uma das alternativas para a análise e revisão do mix de produtos e serviços de uma empresa no pós-pandemia é **investir em novas ofertas para mercados que se fortaleceram durante este momento.** Uma boa análise pode mostrar mercados em expansão que se beneficiaram com os desafios impostos pelo isolamento social, pelo *home office* e/ou pelas novas formas de consumo.

O setor de material escolar, por exemplo, foi duramente impactado com o fechamento das escolas por longos períodos. Como durante a pandemia os formatos de ensino sofreram adequações, os participantes desse setor precisam revisar seus negócios. Fala-se muito sobre as aulas híbridas ou à distância e sobre os novos métodos de ensino, especialmente focando no ambiente virtual. A virtualização forçada da educação reduziu o consumo de materiais escolares e isso tende a persistir.

Para as empresas que vivem da venda de material escolar, qual é a saída? Um caminho é buscar se inserir na onda virtual da educação e encontrar produtos e serviços específicos para estas novas necessidades dos alunos e professores. O que eles precisam? Quais tipos de produtos e serviços são necessários para um bom desempenho escolar neste contexto? Os negócios relacionados à educação precisam evoluir e, para isso, a saída é pesquisar, falar com pais de alunos, com os próprios estudantes, com escolas, universidades e professores. Depois, renovar o mix de produtos e serviços.

PRODUTOS E/OU SERVIÇOS E SUA CONEXÃO COM GRUPOS EMERGENTES DE CLIENTES

Ofertar produtos e serviços no mercado sem ter uma ideia clara de quem são seus clientes é um risco desnecessário. É preciso reconhecer grupos de clientes para cada oferta, visto que existe uma profunda relação das pessoas com os produtos/serviços que consomem. Saber o papel dos produtos/serviços na vida pós-pandemia é um aspecto fundamental para profissionais de marketing e vendas comunicarem e promoverem o que oferecem ao mercado.

Os estudos sobre comportamento do consumidor revelam que produtos e serviços representam muito mais do que utilidade aos clientes. Os benefícios funcionais são somente um aspecto básico. Há muito mais por trás do consumo, especialmente no mundo pós-pandemia, pois o consumidor mudou e surgiram novos segmentos de mercado. Dando alguns passos para trás, é importante lembrar que, na nossa sociedade, produtos e serviços fazem parte do "eu social" das pessoas. Os indivíduos constroem suas identidades e seus autoconceitos também a partir dos produtos que consomem e dos serviços que utilizam. As roupas utilizadas, os restaurantes frequentados e os planos de TV a cabo e de celular contratados dizem muito sobre a identidade e posição que o indivíduo ocupa na sociedade, ou que gostaria de ocupar.

Elementos como auto estima e identidade social devem ser considerados por profissionais de marketing e vendas, observando as ligações das pessoas com seus produtos e serviços. Por todos esses aspectos, é preciso que estes profissionais reconheçam qual é o papel que seus produtos e serviços ocupam na vida das pessoas que o consomem, especialmente considerando o pós-pandemia. Identificar tais papéis pode favorecer a comunicação e venda, se direcionado aos públicos certos. Mais do que isso, oferecer valores emocionais e hedônicos tende a ser uma vantagem competitiva, visto que o benefício utilitário de um produto ou serviço é o mínimo necessário para permanecer no mercado. **O que faz a diferença é justamente os elementos que conectam essa nova vida dos consumidores com novos produtos e serviços.**

O mundo pós-pandemia evidenciou vários novos grupos de consumidores, que mudaram sua forma de consumo em virtude da crise sanitária. Ao revisar e atualizar o mix de produtos/serviços, é preciso conectá-lo aos grupos emergentes de clientes, provenientes de uma nova sociedade, profundamente alterada em virtude da pandemia. Fica a dica: pesquise seus clientes e redefina seu mix de produtos e serviços. Provavelmente, essa é a saída para a maioria dos negócios. Quem mantiver o modelo tradicional, com os mesmos produtos e serviços, pode ter dificuldades em se manter no mercado.

COMO REVISAR E ATUALIZAR O MIX DE PRODUTOS E SERVIÇOS

Uma das atividades mais relevantes para um gestor de marketing e vendas é analisar e reanalisar seu mix de produtos e serviços. A importância disso é simples de ser compreendida, afinal, uma empresa só tem clientes por causa daquilo que tem a oferecer ao mercado. Ou seja, o mix de produtos e serviços é o motivo da empresa existir e ter clientes.

Revisar as potencialidades de seu mix de produtos e serviços faz surgir novas oportunidades e clientes. É preciso pensar em mais possibilidades, saindo do tradicional. Durante a pandemia, alguns conseguiram e outros não. Os que não tiveram êxito apresentaram dificuldades em aproveitar as múltiplas oportunidades que surgem no pós-pandemia. Encontrar soluções criativas para os problemas mais desafiadores é o que faz uma empresa se destacar frente aos seus concorrentes.

E esta tarefa é própria dos profissionais de marketing e vendas de empresas, visto que eles são os profissionais ideais para superar os desafios impostos pelo ambiente, ao possuírem conhecimento de mercado, clientes, produtos e serviços. Portanto, abra a mente para enxergar todo o potencial que os seus produtos ou serviços podem oferecer. É assim que encontramos novos mercados e novos clientes.

Considerando a importância do mix, rever o portfólio de produtos e serviços é uma tarefa contínua. Especialmente em momentos de grandes mudanças no mercado — como aconteceu com a pandemia da Covid-19 —, refletir sobre o que a empresa oferece ao mercado torna-se muito relevante.

Para a análise e renovação do mix de produtos e serviços de uma empresa, seguem algumas recomendações:

- ✕ Ter em mãos dados precisos das vendas de cada produto/serviço da empresa.
- ✕ Obter dados de satisfação de clientes por produto/serviço.
- ✕ Descobrir quem são os principais clientes para cada produto/serviço.
- ✕ Caracterizar detalhadamente o consumidor de cada produto/serviço.
- ✕ Observar o desempenho de vendas de cada produto/serviço ao longo do tempo, reconhecendo quais estão em crescimento, quais estão estagnados e quais estão em declínio.

× Com base nos dados de satisfação, nos principais clientes e nas características dos consumidores, avaliar se é possível impulsionar os produtos/serviços em crescimento, fazer crescer os que estão estagnados e reverter os que estão em declínio.

× Caso seja possível, elaborar planos de marketing com ações específicas para ampliar as vendas do mix de produtos/serviços atual. Pode ser um esforço de comunicação, uma promoção aos clientes, um estímulo às equipes de vendas, entre várias outras possibilidades.

× Caso não seja possível reverter o quadro — por exemplo, de um produto em declínio —, desenvolva um plano de substituição de produtos/serviços não passíveis de recuperação.

× Nesta situação, buscar oportunidades no mercado para repor algum elemento do mix é fundamental, pois todo produto/serviço novo corre alto risco de fracasso. É preciso enxergar claramente as várias possibilidades que o mercado oferece.

× Tendo observado a oportunidade, requer-se a elaboração de um plano de lançamento do produto/serviço assim que o mesmo esteja apto a ser colocado no mercado. Variadas ações de marketing e vendas são necessárias neste momento, especialmente focando a equipe de vendas e os potenciais consumidores do novo produto/serviço.

Estas recomendações podem parecer simples, mas não são. Antes de mais nada, ter os dados costuma ser um desafio, assim como julgar o momento atual de cada produto/serviço depende de amplo conhecimento de mercado. **Depois, enxergar oportunidades também não é fácil, mas pode ser resolvido com a proatividade do gestor de marketing e vendas, acompanhado de treinamento e muito esforço.** Tenha sempre em mente que o que a empresa faz e vende ao mercado é o motivo dela existir, por isso, muita atenção deve ser dada ao mix de produtos e serviços da empresa.

CONSTRUA A IMAGEM DA SUA MARCA E DIVULGUE PARA O MERCADO

A marca é um dos principais atributos de uma empresa, produto ou serviço. Ela é uma vantagem competitiva, ou seja, grande parte das pessoas compram um produto ou escolhem um serviço por causa da marca que ele carrega. Mais do que isso, ela é uma vantagem sustentável, porque os concorrentes não a conseguem copiar. Muitas vezes, ela também é uma garantia de venda e grande motivação dos clientes no momento de escolher um produto ou serviço. Os consumidores geralmente confiam tanto na marca que faz com que tais consumidores selecionem ou experimentem produtos simplesmente porque são de uma determinada marca.

Ao criar uma empresa, ou mesmo ao dar um upgrade em uma empresa existente, primeiro é preciso pensar na sua marca. O que ela representa para as pessoas? O que ela significa? Qual é a imagem da sua marca no mercado? As pessoas entendem o seu produto/serviço a partir da sua marca? Todas estas questões representam uma série de desafios e requerem o desenvolvimento das competências necessárias para a gestão da marca.

Enganam-se aqueles que acreditam que a marca pode ser feita simplesmente em um computador com um software gráfico. A marca tem que ser pensada, planejada e orientada para que ela represente exatamente o que a empresa é e o que quer. É preciso entender o processo de construção de uma marca e ter consciência de que ela é um fator primordial para o sucesso de uma empresa.

E isso não mudou com a pandemia. No contexto pós-pandemia, a marca revela-se importante para as estratégias de mercado no novo normal. Só que, com a mudança de comportamento dos consumidores, como o aumento das compras online, a valorização do lar e as novas formas de viver socialmente, a marca precisa ser revisitada. Há a necessidade de reconstruir a marca a partir da nova realidade. Se o consumidor mudou, a marca precisa mudar e se adequar às novas exigências do novo consumidor.

> Brand: o nome em inglês para "marca". Falar de brand é falar da marca, seja de uma empresa, um produto ou serviço, um lugar, etc. Toda vez que se deparar com esse termo, basta traduzir para "marca".

O CONSUMIDOR E AS MARCAS

Na relação marca-consumidor, quem faz a marca ser um sucesso é o consumidor. Se o consumidor não adotar uma marca, ela jamais será relevante ou valiosa. É ele quem faz a marca se tornar única e perene, comprando e recomprando, fazendo uso e recomendando a marca. Tudo depende do consumidor.

No novo normal, assim como as estruturas de mercados, a relação marca-consumidor se alterou profundamente. Assim sendo, é preciso pesquisar como os consumidores se relacionam com as marcas e o que elas significam para eles. Este caminho é a base das estratégias de marcas de todas as empresas que vendem diretamente para os consumidores finais. Sem esse conhecimento, pode-se construir erroneamente a imagem de uma marca. Por outro lado, marcas que se posicionam em linha com as expectativas de seus consumidores possuem grandes chances de sucesso.

Podemos afirmar que ocorreram alterações nas marcas durante a pandemia e que se refletem no pós-pandemia? Com certeza! Marcas que já possuíam forte presença online saíram na frente, pois elas já estavam preparadas quando o consumidor forçadamente deixou o ambiente real e pelo virtual. Mercado Livre, Americanas e Magalu, por exemplo, já tinham o *e-commerce* bem estabelecido. O certo é que quem já investia no ambiente online foi muito beneficiado com as medidas de isolamento social, pois o consumidor foi obrigado a conviver com esse ambiente, mesmo aqueles que tradicionalmente privilegiam o ambiente físico. Marcas sem notoriedade online foram impactadas negativamente e isso representou perdas de clientes.

O PAPEL DAS MARCAS NA ATRAÇÃO DE CLIENTES

A marca, no pós-pandemia, continuará a ser uma poderosa ferramenta de atração de clientes. É impraticável pensar na marca somente como um desenho que vai representar a empresa. Ela é muito mais do que isso. A marca representa o que a empresa é, o que faz e o que promete aos seus clientes. A marca é um conjunto de expectativas e promessas.

Ao buscar a captação de novos clientes, é preciso repensar a marca e ver se ela realmente é capaz de atrair as atenções dos potenciais consumidores. Para redefinir a marca, portanto, a primeira atitude é pensar no perfil de cliente que se espera atrair. Somente com uma descrição clara e precisa do cliente pretendido é que se pode direcionar a marca para a captação de clientes.

A marca é a empresa, o produto/serviço, no mercado. E se ela for suficientemente atraente, pode tornar-se uma ferramenta com o poder de atrair novos clientes, logo pode posicionar a marca de modo a ser um imã para novos clientes. Pense: quantas vezes você optou por um produto que não conhecia simplesmente por ser de uma marca conhecida? Esse é o segredo das marcas.

COMO CONSTRUIR UMA MARCA DE SUCESSO?

As marcas, ao serem uma das principais fontes de vantagem competitiva das empresas, não podem ser construídas de modo amador. Buscar apoio de um profissional é fundamental. Para tentar garantir o sucesso de sua marca, a construção deve seguir alguns princípios:

- As marcas representam algo, portanto defina antecipadamente o que a marca pode significar para as pessoas.
- Os benefícios que a marca transmite devem se refletir no significado que as pessoas atribuem a ela.
- Os significados simbólicos — imagem que a marca transmite para as pessoas — são mais importantes que os significados funcionais — funcionalidade dos produtos ou serviços que carregam a marca.
- A marca promete algo aos consumidores, portanto estabeleça quais expectativas quer criar sobre ela.
- O segredo do sucesso de uma marca é como a sua comunicação é feita para o seu público-alvo.

- ✕ Construa uma marca fácil de ser replicada e reconhecida, por isso nomes curtos e design simples são os mais recomendados.
- ✕ Toda a empresa deve atuar de modo a estar em sintonia com a marca. Uma marca de luxo, por exemplo, exige uma empresa de luxo.
- ✕ Tenha um plano de relacionamento da marca com o seu público-alvo, como comunidades virtuais de clientes, por exemplo.

É claro que cada uma dessas recomendações requer aprofundamento, pesquisa e análises. Parece simples, mas não é. Não planejar a inserção da sua marca no mercado pode resultar em efeitos adversos, como o reconhecimento errôneo das promessas da marca, ou mesmo dificuldades dos consumidores se lembrarem dela. Por isso, um plano de construção de marca com apoio profissional ainda é a observação mais importante e um excelente investimento.

> Brand orientation: a orientação da marca, que antecede, por exemplo, a construção da marca ou a imagem da marca. A *brand orientation* é uma estratégia de marketing para desenvolver os negócios da empresa baseando-se na marca.

COMUNICAÇÃO DA MARCA

As pessoas precisam saber que a marca existe, o que ela representa e quais produtos e serviços ela carrega. Para isso, o segredo é a comunicação. Quer um exemplo atual: PicPay. Esta marca tem trabalhado com força para gravar na mente do consumidor o que ela representa, que produtos possui e o que ela é.

Uma boa estratégia de comunicação mostra para o mercado quem é a marca, quem é a empresa e quem são os produtos e serviços. Para isso ser feito de uma forma bem planejada e muito bem organizada, o primeiro passo para desenvolver a fama da marca, é organizar essa comunicação:

- ✕ Onde será comunicada a marca?
- ✕ Será em mídia aberta?
- ✕ Será na internet?
- ✕ Será por meio de material impresso?
- ✕ Material virtual?
- ✕ Será feito por patrocínio?
- ✕ Será feito em eventos?

Tudo precisa ser pensado previamente e algumas regras são importantes de serem seguidas. A primeira é fazer uma integração da comunicação. Ao mesmo tempo que a comunicação precisa ser toda conectada, é preciso ter o mesmo discurso em todos os canais de comunicação ao qual a marca será divulgada.

Muitas vezes, a marca transmite informações que não são necessariamente aquilo que ela quer transmitir. Então, deve-se ter muito cuidado em associar a forma de comunicar com o que a marca quer representar. Por exemplo, se a empresa for patrocinar um evento para poder fixar a marca na cabeça das pessoas, ele tem que ter relação com aquilo que a marca quer significar. Então, se a marca busca representar, por exemplo, cuidado ambiental, ela precisa patrocinar um evento de plantio de árvores e não uma corrida de carros.

A partir do momento que a empresa vai ao mercado, ela precisa comunicar a marca e mostrar exatamente quem a empresa é. Por isso, a comunicação da marca é uma das decisões mais importantes para uma empresa, especialmente se ela está indo para o mercado. No entanto, é preciso pensar em algo mais: qual mensagem vai ser transmitida?

A partir do momento que se determina exatamente o que a marca é e o que ela quer transmitir, elabora-se um plano profissional para levar essa mensagem ao mercado, aumentando a probabilidade de sucesso. Se a empresa simplesmente optar por divulgar a marca sem um critério e preparação específica, o mercado pode compreender a marca de uma forma diferente do que a empresa gostaria. Por isso, é fundamental planejamento e profissionalismo na comunicação da marca. Nunca se esqueça, a marca é uma vantagem competitiva e o motivo das pessoas comprarem produtos ou serviços, então trate muito bem a sua marca e a comunique adequadamente para o mercado.

Especialmente no contexto do novo normal, toda a comunicação da marca precisa ser repensada, afinal a comunicação, no geral, foi amplamente influenciada pela situação. A pandemia impactou nas formas de comunicação, que hoje estão fortemente presentes no online e que exigem das marcas um novo posicionamento, levando em conta os impactos da pandemia na sociedade. Explorar isso pode ser útil para posicionar a marca no novo normal, se mostrando como uma marca antenada com a atualidade. Foco em *inbound marketing*, *branded content*, entre outros, associando à marca ao movimento pós-pandemia, pode gerar uma vantagem para as marcas que superaram a crise sanitária, aumentando seu valor e sua capacidade de atrair o novo consumidor.

VALOR DA MARCA

Quanto vale uma marca? Há várias empresas de pesquisa que quantificam o valor monetário de uma marca. Por que esse esforço?

O raciocínio é simples: o valor de uma marca corresponde à capacidade de ela gerar faturamento para uma empresa. Imagine que você produz guarda-chuvas e sua marca não é conhecida, então você conseguirá vender para um determinado preço. Agora, caso a Google compre sua empresa e produza guarda-chuvas com a marca Google, o seu guarda-chuva valerá muito mais e o preço com certeza aumentará, ainda que seja o mesmo produto.

O consumidor sabidamente prefere marcas conhecidas. Mesmo tendo uma opção mais barata, porém desconhecida, a maior parte dos consumidores opta por uma marca que seja conhecida por ele, mesmo pagando mais. Os consumidores percebem em uma marca conhecida um produto/serviço melhor quando comparado a uma marca desconhecida, mesmo quando eles são iguais.

Mas é preciso ter cuidado, pois uma marca conhecida promete algo. Se uma pessoa compra um guarda-chuva com a marca Google, ela não está esperando somente um guarda-chuva, mas muito mais. Provavelmente, alguma tecnologia embutida que sincronize seus e-mails, que lhe forneça a previsão do tempo ou que abra automaticamente pouco antes de chover.

O valor da marca significa muito para as empresas e, por vezes, ela vale mais que todos os demais ativos da empresa. Pode ser que, inclusive, a marca seja a empresa, como a Adidas, por exemplo. A Adidas é uma empresa de licenciamento de marcas. Basicamente, ela vive de licenciar a marca para fabricantes de produtos esportivos que cumpram os requisitos exigidos pela Adidas. Afinal, se ela licenciar a marca para empresas que não produzem artigos esportivos com a qualidade necessária, a própria marca perde valor.

Por outro lado, não é difícil observar que muitas empresas dão pouca atenção às suas marcas. Ao iniciar ou dar continuidade a um negócio, preocupar-se com a marca é algo necessário e exige profissionalismo, pois, em muitos casos, a marca será o selo de qualidade do produto/serviço. Deve-se sempre desenvolver o valor da marca, pois o consumidor sempre se sente mais seguro de comprar de uma marca conhecida, inclusive pagando mais. E isso depois se reflete no valor da marca. Marcas valiosas tornam as vendas mais fáceis. Com as mudanças geradas pela pandemia, o novo normal é a chance de muitas marcas de construir a sua notoriedade, de desenvolver uma reputação alinhada com a nova realidade.

> Brand equity: corresponde ao valor da marca. Quando queremos valorizar nossa marca, realizamos atividades de *brand equity*, isto é, tudo aquilo que pode deixar a sua marca mais valiosa.

REDUZINDO O VALOR DA MARCA: MÁS NOTÍCIAS

Um dos maiores receios de uma marca é o surgimento de más notícias sobre algum produto ou serviço que ela carrega. Pode ser a contaminação de um produto alimentício, um problema generalizado no funcionamento de bens, como eletrodomésticos ou automóveis, ou até o tratamento inadequado de clientes por parte de algum serviço. As fontes de más notícias são muitas.

Além disso, a imprensa geralmente dá ampla atenção a problemas de marcas famosas, o que pode impactar seriamente na imagem da marca, por exemplo, o lamentável caso da Cervejaria Backer. As redes sociais também são um meio de rápida disseminação de más notícias. Por isso, problemas enfrentados por uma marca requerem atenção e muito cuidado.

O primeiro cuidado é evitar ao máximo possível correr riscos desnecessários, como conectar a marca a um assunto polêmico. Ainda assim, isso nem sempre é possível. Existem problemas de produção, de prestação de serviços ou de logística que não há como evitar. Quando o problema ocorrer, os gestores de marcas precisam agir de forma rápida e consistente.

Iniciar com um comunicado oficial explicando a situação e assumindo erros, se for o caso, é uma primeira ação muito adequada. Depois, planejar a recuperação da marca, principalmente aproveitando a nova realidade, o novo normal, que tende a deixar para trás problemas passados. Deslizes acontecem e as pessoas sabem disso, a questão é como tratar tais deslizes. Falar a verdade e demonstrar preocupação com os acontecimentos dão credibilidade à marca. Tentar esconder erros e mentir não ajuda, ao contrário, só atrapalha, pois as pessoas se sentem enganadas e não confiarão mais na marca.

Quando um consumidor se depara com algum problema com uma marca e o problema é impecavelmente resolvido, ele fica mais satisfeito do que outro consumidor que simplesmente não teve qualquer atrito.

A resolução de problemas é uma importante fonte de fidelização de clientes, desde que sejam resolvidos de modo eficaz. Portanto, evite problemas com a marca, mas se não tiver jeito, aproveite o momento para mostrar o quanto a marca é competente!

MELHORANDO O VALOR DA MARCA: RESPONSABILIDADE SOCIAL NO NOVO NORMAL

Associar a marca de uma empresa com atividades que venham a contribuir com a sociedade revela-se não somente como um ganho de imagem, mas também mostra o papel social das empresas. Especialmente em um contexto pós-pandemia, que gerou reflexos sociais, como fechamento de negócios, desemprego, entre outros.

São várias as ações atuais no mercado que conectam a marca às ações que beneficiam a sociedade. Atividades de proteção do ambiente, de geração de empregos e renda, de apoio a comunidades carentes, de conscientização das pessoas sobre comportamentos inadequados, de estímulo à diversidade, trazem benefícios a todos: marca e sociedade.

Para o melhor desenvolvimento deste tipo de atividade, aqui vão algumas recomendações:

- ✗ Escolha ações sociais ou ecológicas que tenham relação com a marca e com a empresa. Marcas de empresas de bebidas alcoólicas, por exemplo, podem se associar a campanhas que estimulam não dirigir depois de beber. Marcas de empresas de recursos humanos podem oferecer colocação profissional para jovens carentes. E marcas de empresas que causam impactos ambientais podem participar de ações que protejam a natureza, uma espécie de compensação.

- ✗ Tenha certeza que a ação social é legítima e promovida por organizações sociais sérias. Existem organizações sociais que não atuam de modo correto e ético, o que é uma pena, pois elas são importantes para a sociedade. Cuidado, é preciso associar a sua marca com quem realmente faz um trabalho confiável.

- ✗ Envolva toda a empresa, especialmente as equipes. A marca deve ser uma forma de unir os colaboradores e transmitir uma imagem de que toda a empresa está empenhada em contribuir com a sociedade. Trabalhos voluntários por parte dos colaboradores da empresa une todos em torno da marca.

Durante a pandemia, diversas marcas aproveitaram o momento para contribuir com a sociedade e, por consequência, valorizar a própria marca. Um exemplo é a Natura, que criou um fundo emergencial para dar suporte financeiro e psicológico às revendedoras, que não podiam mais fazer a venda corpo a corpo e tiveram suas receitas impactadas. Complementar a isso, a Natura doou dinheiro e álcool gel para comunidades carentes. Isso, sem dúvida, impacta no valor da marca.

Também, pode-se destacar o Itaú, que além de doação de dinheiro, financiou testes de Covid-19 e laboratórios para produção de vacinas, além do pagamento de empréstimos e financiamentos. Existem diversos outros exemplos de empresas que contribuíram socialmente, como a Ambev com doação de álcool gel e apoio financeiro para restaurantes. A Nestlé com a doação de alimentos e apoio a comerciantes. O Bradesco com a doação de milhões de testes de Covid-19, máscaras, leitos, equipamentos hospitalares e cestas básicas, entre várias outras marcas que colaboraram com a sociedade durante a pandemia. O benefício é mútuo, a sociedade ganha e as marcas também.

Aproveite as oportunidades que a sociedade oferece para a marca. Pode ter certeza que os clientes valorizam e se sentirão como parte das contribuições que a marca tem a oferecer à humanidade.

> Branding management: a gestão de marcas. As atividades de gestão de marcas podem significar construir uma marca nova, desenvolver a imagem da marca, identificar como as pessoas enxergam a marca, entre outros. Essas são as atividades de um profissional em alta na atualidade: o gestor de marcas.

COMO DESTACAR MARCAS NOVAS

Ao observar o cenário de pandemia, algumas marcas mostram estar em ascensão. Como elas conseguem se destacar? A resposta é: um arrojado plano de inserção da marca, com muita presença em variados canais de comunicação.

O segredo está não somente em comunicação paga, mas sim na capacidade da nova marca em gerar conteúdo e interesse. Marcas como PicPay e SpaceX, por exemplo, aparecem na mídia aberta, desenvolvem conteúdos de interesse para o mercado, propõem novas soluções e revelam como será o futuro.

Esse tipo de atitude perante o mercado contribui para o reconhecimento da existência da marca, estimulando a curiosidade em saber o que ela oferece. O planejamento de entrada da marca do mercado tem de ser bem mais do que um plano de comunicação.

Portanto, quando se pensa em levar uma marca para o mercado, pensa-se em como gerar interesse que complementa qualquer atividade de comunicação. O que a marca promete é facilmente percebido pelas pessoas? Suas propostas geram interesse? Geram comentários e recomendações? Esse tipo de ação deve ser um dos pilares da estratégia de marca.

Não basta comunicar, é preciso mais, é necessário mostrar ao mercado que a marca tem muito mais a entregar do que o produto ou serviço que comercializa. Isso deve ficar claro para a sociedade e deve despertar o interesse e a curiosidade das pessoas.

MARCAS NÃO SÃO SÓ PARA PRODUTOS E SERVIÇOS DE EMPRESAS

Muitos enxergam as marcas como algo que acompanha um produto ou serviço. Só que as marcas ganharam importância e hoje você pode desenvolver as mais variadas marcas. Um evento como o Rock in Rio, um político como Barack Obama, um lugar como Las Vegas, são marcas que exercem exatamente a mesma atratividade que um produto ou serviço.

Em tempos de pós-pandemia, as marcas podem ajudar em setores muito impactados, como foi o caso do turismo, especialmente destinos turísticos que deixaram de ser visitados em virtude do isolamento social e da redução das viagens. Deste modo, revela-se importante a reconstrução de marcas de destinos turísticos em um cenário pós-pandemia, considerando outros aspectos além dos atrativos turísticos da localidade.

"Marca de lugar" — em inglês, *place branding* — é uma das atividades de marketing das mais importantes quando se realizam planejamentos para fomento e desenvolvimento do turismo de uma localidade. A "marca de lugar" representa a imagem que as pessoas constroem sobre um determinado destino, turístico ou não. O que significa New York? Paris? Rio de Janeiro? Observe o quão importante é para um destino turístico gravar na mente das pessoas o que o destino realmente é.

A construção da "marca de lugar" é uma das atividades mais relevantes quando se quer atrair turistas. É preciso planejar adequadamente como as pessoas se lembrarão da experiência, pois as lembranças precisam ser positivas para atrair outros turistas. Muitos destinos se tornaram importantes porque desenvolveram sua marca junto à sociedade. É o caso de Las Vegas, que foi cuidadosamente construído no deserto para se tornar uma referência em jogos de azar, entretenimento e lazer.

No pós-pandemia, Las Vegas precisará se reinventar e contar com um novo plano de *place branding*, pois entrou em cena a segurança sanitária. É muito provável que os turistas passem a dar importância a isso e pode ser uma importante medida para incorporar à marca do destino turístico, pois os cuidados sanitários tendem a ser essenciais para uma pessoa decidir ir ou não para determinado destino.

> Branding: atividades referentes à marca, muitas vezes significando a própria marca. Não há tradução e geralmente está relacionado a outros termos. Por exemplo, *place branding* (marca de lugar) e *retail branding* (marca de varejo). Atividades de branding são todas as atividades para desenvolver a marca.

AS MARCAS NA VIDA DAS PESSOAS

Quando as pessoas se envolvem com as marcas que elas amam, é um processo mais profundo do que simplesmente comprar o produto ou serviço. As marcas exercem um papel relevante na vida das pessoas, contribuindo para a sua imagem social. Parte do que a pessoa é reflete-se nas marcas que a acompanham durante a vida. Há um sentimento de pertencimento que leva consumidores de determinadas marcas a participarem de comunidades de marca.

Uma **comunidade de marca** é a formação de um grupo de adesão voluntária de pessoas que consomem uma determinada marca. Essas comunidades, geralmente digitais, servem como fóruns de troca de experiências, recomendações e sugestões. Esse tipo de arranjo tende a ser muito relevante para os profissionais de marketing e vendas que trabalham com marcas.

Fomentar, criar, desenvolver e participar de comunidades da marca pode ser uma importante fonte de informações sobre a marca. É preciso pensar que, se um cliente adere voluntariamente a uma comunidade de marca e participa ativamente, ele tem muito a contribuir e deve receber atenção especial dos profissionais de marca. A criação de comunidades de marca é uma das mais relevantes estratégias de marca, pois reúne, em um mesmo grupo, os consumidores mais ávidos em colaborar com a marca.

Essa estratégia pode se revelar mais importante agora, no pós-pandemia, pois é preciso escutar os clientes, especialmente para perceber as mudanças de comportamento decorrentes da pandemia. Comunidades de marca podem ser uma fonte de informações que permitem as tomadas de decisões de como conduzir a marca em um mundo pós-pandemia.

O QUE FALTA DESCOBRIR?

Para fechar este capítulo, é importante refletir sobre o que ainda não se sabe a respeito dos impactos da pandemia e do novo normal nas marcas. Há diversas dúvidas:

- ✕ O que as marcas aprenderam e podem ainda aprender com a pandemia?
- ✕ Como a construção da marca foi impactada por essa nova lógica?
- ✕ Como o distanciamento e o isolamento social afetaram o relacionamento da marca com os seus clientes?
- ✕ Como a internet pode fazer parte disso de uma maneira saudável?
- ✕ Quais serão as novas estratégias de marca?
- ✕ Que tipo de impacto a pandemia trouxe no valor das marcas?
- ✕ Marcas ativas na pandemia, que agiram em prol da sociedade, se beneficiaram? Como?

Tudo isso ainda não tem resposta. Só o tempo poderá nos mostrar o que realmente mudou e o que voltará a ser como era. O mais importante é estar sempre refletindo sobre como conduzir a gestão das marcas em uma nova realidade, um novo normal. Primeiro é preciso aceitar: existe um novo normal e isso impacta nas marcas. Em seguida, o profissional de marketing e vendas deve ser muito capaz de ler a realidade, o mercado e compreender o comportamento dos novos consumidores. O certo é que a pandemia gerou novos consumidores, com novas formas de agir, e isso precisa ser completamente identificado pelos gestores de marcas, alinhando suas marcas ao novo cliente.

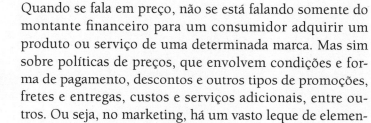

REVEJA SUA POLÍTICA DE PREÇOS E BENEFÍCIOS AOS CLIENTES

Quando se fala em preço, não se está falando somente do montante financeiro para um consumidor adquirir um produto ou serviço de uma determinada marca. Mas sim sobre políticas de preços, que envolvem condições e forma de pagamento, descontos e outros tipos de promoções, fretes e entregas, custos e serviços adicionais, entre outros. Ou seja, no marketing, há um vasto leque de elementos que englobam o preço.

O preço costuma ser um elo do marketing com outras áreas, como financeiro, custos e operações. É sobre essa questão que os profissionais de marketing e vendas, muitas vezes, precisam se relacionar com variados departamentos das empresas e, às vezes, esse relacionamento pode ser difícil. Porém, o preço é um dos elementos de marketing mais mal trabalhados por variadas empresas, por isso não é incomum os profissionais fugirem do assunto.

Considerando o fim da pandemia, há uma necessidade de revisar as políticas de preços, afinal o consumidor mudou. Essas mudanças devem-se principalmente à vivência do consumidor com o ambiente virtual, que possui políticas e estratégias de preços próprias. Com o fim da pandemia, será encontrado um consumidor com novas experiências, o que pode impactar nas políticas de preços. E isso vai requerer um trabalho conjunto do profissional de marketing e vendas com as demais áreas das empresas, no intuito de ajustar os preços para o consumidor no novo normal. Será preciso incorporar experiências dos ambientes real e virtual para oferecer aos clientes políticas de preços adequadas à nova realidade.

Então, é possível afirmar que o preço — e tudo que está ligado a ele — precisa ser profundamente estudado e entendido, afinal ele é o gerador de faturamento da empresa. O preço cobrado multiplicado pela quantidade vendida gera o faturamento. Enquanto isso, as demais atividades de marketing geram despesas e talvez este seja o motivo do assunto ser tão delicado. Ainda assim, saber desenvolver uma política de preços adequada é uma virtude dos profissionais de marketing e vendas e fonte de lucratividade para as empresas. Sabemos que a pandemia impactou o faturamento de diversas empresas, sendo o preço um elemento chave nesse faturamento. Ou seja, é preciso rever todas as estratégias de preços para acolher novos comportamentos dos consumidores.

Afinal, quem define a política de preços — ou deveria definir — é o profissional de marketing e vendas e não outras áreas da empresa. A precificação de produtos e serviços é definida a partir do mercado e não a partir de custos da empresa ou lucros pretendidos. O preço de um produto ou serviço e a política comercial que o acompanha são definidos tendo por base as percepções de consumidores, as ações de concorrentes e o ambiente de mercado. Por isso, é preciso aprender a precificar. Não se pode estabelecer políticas de preços sem critério, pois corre-se o risco de vender caro demais ou barato demais. É sobre isso que vamos conversar neste capítulo.

PREÇO, QUALIDADE E VALOR

Existem três conceitos-chave na área de preços que são interrelacionados: preço, qualidade e valor. A relação entre esses conceitos requer a compreensão ampla por todos os gestores que realizam a precificação de produtos e serviços.

Primeiro, é preciso entender as diferenças entre os conceitos.

- × O preço é o montante financeiro — incluindo forma de pagamento e entrega — que uma empresa cobra de seus clientes por seus produtos ou serviços.
- × A qualidade é a percepção que as pessoas possuem sobre um produto ou serviço ser bom ou não.
- × E o valor é a percepção das pessoas sobre quanto vale um produto comparado ao preço que está sendo cobrado.

Por que isso é importante?

O consumidor considera que um produto ou serviço com preço mais elevado é melhor, tem mais qualidade que outro com preço menor. Isso está embutido na mente das pessoas, especialmente se forem produtos/serviços que o consumidor não conhece. Ou seja, na dúvida, aquilo que tiver preço mais alto é melhor. Portanto, segue a primeira dica: se o seu produto/serviço é similar aos concorrentes, mas quer aparentar ser melhor, o preço precisará ser mais alto. Um exemplo? Um vinho de R$ 100 é melhor que um vinho de R$ 30, especialmente se o comprador nada entende de vinhos.

No entanto, se o preço cobrado for maior, também é preciso entregar mais, caso contrário o consumidor vai achar que seu produto/serviço é caro. É aí que entra o conceito de valor, que diz o que é caro, ou seja, o que não vale o preço cobrado e o que é barato e, portanto, vale mais que o preço cobrado. É uma comparação, mesmo que inconsciente, sobre o preço e sobre o próprio produto/serviço. Voltando ao exemplo, o vinho de R$ 100 realmente precisa ser melhor que o de R$ 30, caso contrário o consumidor irá achar que o montante pago não valeu a pena.

O velho discurso "é barato, mas tem qualidade" não cola. É bom não usar esse tipo de argumento, pois é automático no senso comum: se tem preço menor, tem qualidade menor. Resta saber se o produto/serviço realmente vale o preço cobrado, independente se é alto ou baixo comparado aos concorrentes.

A relação preço-qualidade-valor, portanto, é fundamental para a precificação de produtos/serviços. Deve-se saber escolher como se quer que os produtos e serviços sejam vistos pelos consumidores. É de qualidade? Vale o preço cobrado? Sábias decisões levam a uma eficaz política de preços.

PREÇO, COMPETITIVIDADE E CLIENTES

Outra relação importante está entre preço, competitividade e clientes. A estratégia de preços de uma empresa, também conhecido como *pricing*, é a base de sua competitividade, justamente pelo significado do preço para os clientes e para o mercado em geral.

A pandemia alterou o mercado e isso se refletiu na competitividade das empresas. Diferentes negócios que sempre concorreram em ambiente real, passaram a competir pelos mesmos clientes também com empresas no ambiente virtual. Isso exige que as políticas de preços levem em conta novos competidores em variados setores. Por exemplo, o setor de vestuário, que tradicionalmente dava pouca atenção aos concorrentes virtuais, passou a enfrentar este tipo de concorrência. Isso porque o consumidor aprendeu a comprar roupas e calçados pela internet.

É por meio do preço que uma empresa escolhe os clientes que quer atender e contra quem a empresa estará competindo no mercado. Por isso, definir tais estratégias não pode ser algo feito de modo amador ou sem critérios. Há vários casos de empresas que fracassaram por escolherem estratégias de preços inadequadas, resultando em atração de clientes não desejados ou entrando em mercados com concorrentes mais poderosos e capazes.

A recomendação é que os gestores de marketing e vendas estudem profundamente qual seria a melhor relação entre os preços a praticar e o mercado a conquistar. Fazer um amplo estudo de mercado e compreender as nuances dos vários segmentos que o compõem tende a ser a base de escolha da estratégia de preços a ser adotada. Errar na estratégia de preços pode significar perda de competitividade e incapacidade de atrair os clientes certos.

Em virtude disso, a estratégia de preços deve receber toda a atenção dos gestores, requerendo, inclusive, apoio de profissionais especializados em decifrar as várias possibilidades de mercado. Se não é possível contratar um consultor especialista, a outra alternativa é desenvolver os conhecimentos necessários para definir uma estratégia de preços adequada.

> Pricing: a precificação ou a estratégia de preços adotada pela empresa. As atividades de *pricing* levam em conta o ambiente de mercado, não se limitando a questões de custos ou lucratividade. São avaliadas diversas informações de mercado e da empresa, como preços de concorrentes, capacidade financeira de consumidores, participação de mercado, custos, margens, entre outros.

Como definir uma estratégia de preços adequada?

Primeiro, é preciso escolher os clientes, pois qualquer decisão dependerá do público-alvo pretendido. Essa escolha irá revelar, por exemplo, preços mínimos e máximos a praticar. Tendo escolhido os clientes, é preciso olhar para os concorrentes diretos, aqueles que fazem produtos e serviços semelhantes ao da empresa. Estudar as práticas de preços dos concorrentes, bem como as suas ações no mercado, irá determinar o quão fácil ou difícil será captar os clientes escolhidos.

A partir dessas análises é que será possível escolher a estratégia de preços e que irá posicionar a empresa frente aos concorrentes. É nesse momento que se estudam as variadas estratégias de preços e escolhe-se a que aponta ser a ideal. Recomenda-se só entrar no mercado após a definição de uma política de preços que permita competir no mercado e atrair e reter clientes. Sem isso, é muito arriscado.

DICAS PARA PRECIFICAÇÃO

Ao colocar no mercado os seus produtos ou serviços, é preciso precificar. O problema é: qual preço cobrar? Muitas vezes, é uma pergunta difícil de ser respondida.

Olhe para a concorrência. É preciso olhar para ela, observar quanto ela está cobrando por aquilo que vai ser oferecido para o mercado e como o mercado enxerga os produtos dela comparado ao seu. Se a concorrência for entendida como melhor, o seu preço provavelmente será um pouco mais baixo. Se o seu produto é visto como melhor, provavelmente ele será um pouco mais alto. Então, a primeira dica é: não precifique sem olhar para a concorrência.

A segunda dica vai além da concorrência. Na verdade, é essencial olhar para todo o mercado. Olhar os segmentos de mercado que você atende, o que o mercado paga por aquilo que você tem a oferecer e, especificamente, para a capacidade de consumo dos seus potenciais ou atuais clientes. É preciso perceber com cuidado o quanto eles estão dispostos a pagar, ou seja, o quanto eles atribuem valor àquilo que você tem a oferecer. Essa atribuição de valor irá resultar no preço que será colocado no mercado. Não basta olhar para a concorrência, é preciso observar os seus potenciais e atuais clientes, além do mercado de uma forma geral para você concluir o preço que será colocado nos seus produtos/serviços.

Ao mesmo tempo, de nada adianta precificar com base no mercado, na concorrência ou nos clientes, se não olhar para a própria empresa. Ou seja, o preço precisa ser suficiente para cobrir os custos daquilo que é produzido e também para dar resultado financeiro, ou seja, lucratividade. Se você ingressar no mercado com um preço que irá trazer prejuízo, é provável que você não dure muito tempo. Por isso, em terceiro lugar, olhe para dentro da empresa, olhe custos, margens e o que a empresa pretende em termos de ganhos, porque a lucratividade não é só dinheiro. Ela pode ser *market share* ou valorização de ações, por exemplo. Na inserção da empresa no mercado, muitas vezes, ela até abre mão de margens para isso, o que conhecemos como "modo investimento".

Se houver um grande descompasso entre o que o mercado paga e o preço que é preciso cobrar para ter lucratividade, algo está errado. E aí vem a dica final: é essencial equilibrar as necessidades internas da empresa com o mercado e não o contrário. É muito difícil mudar a disposição do mercado com relação ao que ele vai pagar pelo seu produto/serviço. Se ele está pagando R$ 5 em um produto que você precisa vender a R$ 10, você terá que olhar para dentro da empresa e enxergar maneiras de vender a R$ 5. O mercado está aberto às várias ofertas, mas existe um teto máximo e mínimo de preços. Um bom trabalho de precificação resulta, portanto, em atrair e reter clientes, ocupar espaços da concorrência, ganhar participação de mercado e ganhar dinheiro.

COMUNICAÇÃO DE PREÇOS

Não basta saber precificar, é preciso comunicar adequadamente. Saber comunicar os preços de produtos/serviços pode atrair as atenções dos clientes em potencial, mas é preciso seguir algumas orientações. Se a pretensão é apresentar os preços de produtos e serviços ao mercado, deve-se ter atenção aos procedimentos adequados. Uma má comunicação pode desvalorizar o produto/serviço, passar uma imagem de baixa qualidade e atrair o cliente errado. Então, a recomendação é:

× Se o preço é o real motivo para chamar a atenção do cliente, destaque-o. Se for o caso, mostrar o preço sem a promoção e o preço promocional. As pessoas apreciam grandes promoções de preços.

× Se não há qualquer promoção, o preço deve ser o último a ser comunicado. Primeiro, mostre as qualidades e os benefícios do que está vendendo. Só depois de mostrar a "maravilha" que você tem para vender é que o preço deve ser informado.

× Estabeleça preços promocionais por tempo determinado. Jamais mantenha a promoção para sempre. Se não for feito esse movimento de baixar preços e depois subi-los novamente, é muito provável que o consumidor perceba que aquilo que você está vendendo jamais valeu o preço que era cobrado antes. Qualquer promoção deve ter início e fim.

× Utilize estratégias para comunicar preços, como o *odd pricing*. Por exemplo, você pode explorar o efeito de subestimação que acontece naturalmente com as pessoas. Se o preço é R$ 10, coloque R$ 9,99 em destaque. Parece que não, mas faz muita diferença.

✗ Dê destaque ao componente mais atraente do preço. Se é uma venda que geralmente acontece com pagamento parcelado, por exemplo, o foco deve ser no valor da parcela e não no preço total. As pessoas precisam ver que aquilo que você vende cabe no bolso delas.

> Odd pricing: pode ser traduzido como preço psicológico, isto é, a percepção que o consumidor tem de um preço. Esse tipo de precificação estimula o consumidor a comprar a partir de estímulos emocionais e não racionais, gerando o que conhecemos por efeitos de subestimação. Ao invés de vender por R$ 10, vende-se por R$ 9,99. Alguns consumidores enxergarão como R$ 10, enquanto outros como R$ 9,90, mas a maioria dos consumidores irá enxergar como R$ 9 e pouco, ou seja, subestimando o preço real.

RECOMENDAÇÕES PARA POLÍTICAS DE PREÇOS

Quando se fala em preços, muitos só pensam no montante financeiro que será colocado em um produto/serviço, mas a política de preços, ou política comercial, é mais que isso. Ela envolve descontos e outros tipos de benefícios a clientes, entregas e fretes, formas de pagamento, taxas, serviços adicionais, garantias, entre outros.

Ou seja, a política de preços é um conjunto de decisões do gestor de preços que vai impactar nas vendas de um produto/serviço. É importante que a política de preços esteja alinhada à estratégia da empresa e aos demais elementos de marketing — comunicação, mix de produtos e relacionamento com clientes, por exemplo. Por isso, para executar uma boa política de preços, é preciso seguir algumas recomendações:

Tabela de preços — Ao estabelecer o preço base de um produto/serviço, o ideal é deixar margem para negociação, visto que hoje em dia mais clientes exigem descontos, por exemplo. Vale ressaltar que alguns clientes pagarão preço cheio sem reclamar, principalmente quando perceberem que o preço cobrado é inferior ao que, na visão deles, vale o produto/serviço.

Descontos — Estabeleça previamente uma política de descontos progressivos. Por exemplo, estabeleça desconto inicial de 5%, indo ao máximo até 20%. Nesse caso é importante orientar a equipe de vendas para não dar de cara os 20%, mas sim, os 5%, depois 10%, 15% e só chegar nos 20% se realmente for necessário.

Benefícios extras — Ofereça benefícios ao invés de descontos, pois é sempre mais vantajoso do que reduzir preços. Dessa maneira, você não desvaloriza o produto/serviço e o cliente sai com algo mais em mãos, como um brinde, por exemplo. Procure, na medida do possível, substituir descontos por algum benefício e prever isso em sua política comercial.

Forma de pagamento — É fundamental programar variadas formas de pagamento conforme a capacidade financeira dos clientes. Isso envolve aceitar cartões ou outros tipos de pagamento, fazer parcelamentos, entre outros. A recomendação é conhecer profundamente os clientes da empresa para ofertar formas de pagamento adequadas ao público-alvo.

Taxas, fretes e custos extras — Evite essas situações ao máximo, pois, às vezes, o cliente pode desistir do negócio por conta de alguma cobrança extra e, para não perder o negócio, a empresa absorve tais custos. Incorpore esse tipo de custo ao preço do produto/serviço, evitando surpresas. Além disso, os clientes sempre apreciam um "frete grátis".

Preço isca — Política de preços que tende a ser utilizada por empresas varejistas com ampla variedade de produtos, como: supermercados, farmácias, materiais de construção e lojas "tem de tudo". A técnica consiste em colocar preços baixos, às vezes muito baixos, em um ou mais produtos muito atrativos para os consumidores. É uma espécie de chamariz, atraindo o consumidor para a loja. A margem, muitas vezes negativa para o produto isca, é recuperada com a venda de outros produtos com margens maiores ou até infladas para compensar o preço isca.

Preços mínimos e máximos — Diferenças muito significativas de preços geram distorções na visão dos clientes. Se o preço for alto ou baixo demais, a empresa estará fora de seu mercado. Pense que próximo à sua casa, existem quatro postos de gasolina. Um vende a gasolina a R$ 7, outro a R$ 5,60, outro a R$ 5,40 e outro a R$ 3,50. A maioria das pessoas irão optar pelos postos que vendem a R$ 5,60 e R$ 5,40. Por que? Pagar R$ 7 não justifica, pois o produto é o mesmo dos demais e não compensa pagar tão mais caro. Enquanto isso, pagar R$ 3,50 parece arriscado. Mesmo que o produto seja isento e não tenha nenhuma diferença para os outros postos, ninguém acredita que o combustível seja realmente igual aos demais. Esse exemplo retrata que os preços precisam variar de acordo com o mercado, não ultrapassando os valores máximo e mínimo que o consumidor está acostumado a pagar.

NEGOCIANDO PREÇOS

Todos que já compraram ou venderam algo em algum momento na vida passaram por negociações de preços. E sempre é um desafio. Enquanto o comprador quer uma condição melhor para ele, o vendedor quer valorizar aquilo que tem pra vender.

Negociar costuma ser uma atividade comum no dia a dia, além de ser bastante interessante e até divertida muitas vezes. Porém, é preciso se preparar para negociar preços. Para quem está comprando, existe um poder de barganha natural, mas para quem está vendendo, normalmente, representa o lado mais fraco da corda e, por isso, precisa estar mais preparado.

A primeira sugestão é: evite entrar em negociações de preço. Tentar fazer com o que os compradores se convençam de que o preço que está sendo pedido é justo por aquilo que está sendo vendido. Não é uma tarefa fácil, especialmente porque os clientes estão cada vez mais à vontade para negociar e é natural passar por algumas negociações de preço. Se conseguir fugir, melhor!

Peça uma proposta. Ou seja, se o cliente está pedindo uma negociação de preço, ele está querendo uma condição especial, como um desconto ou uma condição de pagamento diferenciada. Para saber o que ele está pensando, peça que ele lhe apresente uma proposta. Às vezes, aquilo que ele está pedindo, você já tem para oferecer. E, às vezes, ele pede menos do que você está disposto a oferecer, então, pergunte a ele.

Depois de escutar a proposta, faça uma contraproposta. Nesse caso, a segunda recomendação é pedir algo em troca e nunca dar nada de graça. Faça o cliente trabalhar pela condição especial que ele procura. Talvez um produto a mais, um complemento ou algo a mais que venha a compensar a proposta ou a contraproposta que você está fazendo para ele.

Valorize o que você tem a dar. Se você tem pouco desconto a oferecer para o cliente, faça com que isso seja valioso. Ao valorizar um desconto, uma condição de preço especial ou uma condição de pagamento especial, o cliente também irá valorizar. Se você entregar tudo muito fácil, não tem graça. A graça da negociação é justamente fazer a ne-

Marketing e vendas no pós-pandemia **51**

gociação. Espere com que ele trabalhe por aquilo que quer, enquanto você valoriza o que tem a entregar, mesmo que pouco.

Por fim, estude, treine e aprenda a negociar. A negociação, e especialmente a negociação de preços, é uma das atividades mais desafiadoras no mercado, sobretudo se os valores forem muito altos. Uma negociação de R$ 100 é relativamente simples, mas uma negociação de R$ 100 milhões depende de competência. É preciso adquirir habilidades e conhecimentos em negociação, além de negociar sempre e desenvolver experiências na área. Um bom negociador aprende na prática, então, acostume-se a negociar, porque essas experiências irão ajudar nas negociações mais difíceis, duras e desafiadoras.

Vale destacar que a pandemia reduziu as oportunidades de negociação. O ambiente virtual geralmente não permite negociações de preços, o que pode favorecer as empresas do mundo real no pós-pandemia. As empresas do ambiente real poderão destacar isso em sua comunicação, atraindo clientes. Já as virtuais, cabe abrir um canal de comunicação com os seus clientes que permitam negociações, pois esse é um ponto fraco das empresas que atuam exclusivamente no digital. Será que é possível? É certo que sim!

CONCEDENDO DESCONTOS

Observando o dia a dia do mercado, é incrível a quantidade de descontos concedidos aos clientes sem qualquer necessidade. É preciso lembrar que, ao conceder um desconto, geralmente a comissão do vendedor é reduzida e o ganho da empresa é menor. Com isso em mente, será que é necessário sempre oferecer descontos? Quando é realmente necessário? E quando não é?

Dar descontos é uma das táticas de vendas mais importantes e polêmicas do mercado. É uma faca de dois gumes. De um lado, motiva os clientes a comprar. Por outro lado, desvaloriza o produto ou serviço vendido. E agora?

O problema não está no desconto, mas sim na forma de concedê-lo. É claro que usar descontos é necessário, mas eles precisam ser bem utilizados, pois tudo que vem "de graça" não vale nada, lembre-se disso. O que se observa no mercado é que muitos vendedores, sejam do comércio, da indústria ou de serviços, dão descontos sem qualquer critério. É aí que está o erro.

Além do que foi discutido no tópico anterior, vale lembrar que conceder descontos deve ser uma ação utilizada pelo vendedor para resolver alguma objeção à realização do negócio. É uma "carta" que deve ser guardada para ser utilizada no momento certo. Conceder descontos sem necessidade pode passar a impressão que o produto ou serviço é inferior e, portanto, vale menos que seu preço original.

O desconto deve ser utilizado sob condições que requerem seu uso, como o estímulo à experimentação de novos produtos/serviços, um agrado ao cliente ou a conquista de novos clientes ainda inseguros da compra que pretendem realizar. Por outro lado, é preciso evitar a concessão de descontos quando eles não são necessários, especialmente quando o produto/serviço realmente vale o seu preço.

Para isso, é importante sempre treinar as equipes de vendas para fazer o uso o mais adequado possível dos descontos. É uma ferramenta incrível, que traz excelentes resultados, mas seu bom uso depende da qualificação técnica do vendedor. Ele precisa dominar as habilidades de negociação para conduzir de modo eficaz a concessão de descontos. Vendedores e empresas só têm a ganhar com isso.

Resumidamente, seguem mais algumas recomendações para conceder descontos:

✕ Nunca dê desconto de graça. Tudo que é de graça não tem valor, então, ao conceder algum desconto, peça algo em troca. Pode ser o fechamento do negócio, uma compra adicional ou algum benefício para o vendedor em troca do desconto.

✕ Jamais inicie uma venda oferecendo descontos. O desconto não é o motivo principal da compra. O foco do vendedor deve ser no cliente e nos benefícios que ele busca no produto ou serviço. O desconto vem depois, se vier.

✕ Lembre-se que há muitos clientes que não gostam de negociar ou barganhar. Reconheça isso em cada cliente e evite querer negociar sem que o cliente dê sinais que pretende barganhar.

✕ Troque descontos por algo mais barato. A oferta de brindes ou de concessões especiais — como entrega, montagem, treinamento ou prazos de entrega — pode substituir o desconto, muitas vezes de modo mais eficaz e barato.

✕ Dê aos clientes a sensação de vitória ao conceder o desconto. Mesmo que já tenha como dar o desconto pedido para o cliente, revele dificuldades na hora de conceder um desconto, deixando o cliente sentir que conseguiu algo difícil.

× Negocie dinheiro ou percentuais, o que tiver mais impacto nos clientes. Percentuais baixos podem significar altos valores financeiros. Um desconto de 2% em R$ 100 mil representa R$ 2 mil. Enquanto R$ 2 mil é uma quantia considerável, 2% parece pouco. O mesmo acontece com altos percentuais de valores baixos. Se existe um desconto de 50% em R$ 50, ou seja um desconto de R$ 25, fale em 50%. O impacto do desconto concedido é dado pelo vendedor e não pelo cliente.

PROMOÇÕES DE PREÇOS

Durante a pandemia, grandes promoções no ambiente digital ganharam muito destaque, justamente porque os consumidores passaram a comprar virtualmente, desde presentes até eletrodomésticos. Grandes promoções online sempre fizeram muita diferença e isso não foi diferente durante a pandemia, pois esta era a única opção. Isso só reforça um aspecto: promoções atraem os clientes! No pós-pandemia, com a presença dos ambientes real e virtual, as promoções podem ser um fator essencial para captar e reter clientes, visto que elas não objetivam somente vender, fazer faturamento e escoar produtos. Há algo a mais!

Todas as promoções de preços, sejam elas midiáticas ou não, devem possuir dois grandes objetivos: fazer vendas no curto prazo e conquistar clientes. A primeira é óbvia. Fazer promoções muito agressivas com preços muito baixos, faz a venda acontecer rapidamente. Aí vem a pergunta: por que empresas de serviços participam da Black Friday? Elas não têm estoques para escoar.

Chega-se no segundo e principal objetivo de uma promoção como a Black Friday: captar e conquistar clientes. Esse é o objetivo mais amplo das promoções de vendas, ao estimular potenciais clientes a fazerem uso de produtos/serviços. Se eles gostam, eles voltam a comprar. É um momento especial para ampliar a base de clientes, sendo uma estratégia eficaz de captação de novos clientes.

Portanto, ao planejar uma promoção de vendas, seja agressiva ou não, tenha em mente que o objetivo principal é, após a promoção, possuir uma base de clientes maior, com mais clientes recorrentes, que compram e recompram continuamente. Se uma promoção de vendas só cumpre o primeiro objetivo, ou seja, as vendas no curto prazo, ela não foi eficaz.

Aprenda a usar as promoções de vendas como fonte de captação de clientes potenciais. Tende a ser um método muito útil e que contribui com a sobrevivência e desenvolvimento das empresas no longo prazo.

DEPOIS DA PROMOÇÃO DE VENDAS

Acabou uma promoção de vendas. A partir deste momento começa o verdadeiro trabalho da equipe de marketing e vendas. Como mencionado, as promoções de vendas não são somente meios de fazer vendas pontuais, é uma das melhores oportunidades para captar novos clientes.

A Black Friday, por exemplo, ou mesmo qualquer outra promoção, representa um chamariz, cujo objetivo é, após o evento, ter mais clientes frequentes. Portanto, depois de Black Friday, é preciso trabalhar com os dados que se obteve. Eles são a principal fonte de novos negócios com os novos clientes.

É preciso observar quem comprou, o que comprou, quem quase comprou e porque não comprou, mas mostrou interesse. É a hora de construir relações com os novos clientes e também tentar conquistar os que quase se tornaram consumidores. Não é para fazer propaganda digital sem direcionamento e critério. É preciso estudar esses potenciais e novos clientes, entender suas demandas, saber quem são e que compras poderão vir a fazer no futuro. Não se pode desperdiçar informações tão importantes.

Por isso, sempre cabe um plano pós-Black Friday por exemplo. Desenvolva estratégias posteriores que venham a reter o cliente conquistado, mesmo que a preços muito agressivos. Este é o caminho natural e muitas vezes não aproveitado pelas empresas que participam de promoções de vendas, midiáticas ou não. Estruturar modelos de relacionamento com os clientes conquistados deve ser o principal objetivo das promoções de vendas.

O OUTRO LADO: VENDENDO COM PREÇO ALTOS

Muito que se discute sobre gestão de preços está relacionado à redução de preços, como políticas de descontos e prazos de pagamento. Mas parece existir alguma resistência em falar sobre preços altos.

Os preços altos são tão importantes quanto os preços baixos. A utilização de preços mais altos é uma estratégia que precisa ser considerada quando o que a empresa faz deve ser percebido pelo consumidor por meio de preços mais elevados.

Afinal, quando usar preços altos?

- ✗ Quando a empresa quer mostrar ao consumidor que seu produto é melhor, isso precisa aparecer no preço cobrado. Qualidade superior requer preços mais elevados quando comparado aos concorrentes.

- ✗ Quando a empresa quer se estabelecer em um nicho de mercado com mais capacidade financeira, os preços dos produtos/serviços da empresa obrigatoriamente precisam ser mais elevados, demonstrando qual cliente quer atingir.

- ✗ Quando há uma guerra de preços baixos entre concorrentes, a empresa, para fugir desse tipo de disputa, pode subir o preço e mostrar aos seus clientes que seus produtos/serviços são superiores.

- ✗ Quando a marca da empresa é reconhecida pelo mercado como uma marca que representa produtos e serviços melhores que os concorrentes, os preços precisam ser mais altos. Acompanhar preços mais baixos de marcas pouco reconhecidas pode desvalorizar a marca que já alcançou notoriedade no mercado.

- ✗ Quando o produto/serviço parece ou é melhor, o preço deve refletir isso, sendo necessário praticar preços mais altos, classificando o produto/serviço como *premium*, ou seja, superior aos seus concorrentes.

> Preço premium: estratégia de preços utilizada por produtos e serviços que possuem notoriedade e reputação junto aos consumidores. Quando o consumidor percebe que um produto/serviço é melhor que os demais, ele se dispõe a pagar mais. Assim, a empresa cobra mais, colocando o produto ou serviço como superior aos concorrentes. Estratégia de preços muito utilizada por marcas famosas e produtos de luxo.

UM DESAFIO: PREÇOS DE PRODUTOS SAZONAIS

Um dos maiores desafios do gestor de preços é precificar produtos sazonais, que é um tipo de produto que só é vendido em determinado período, geralmente em um prazo curto. Um exemplo são os ovos de chocolate, comumente relacionados à Páscoa. Imagine os ovos de Páscoa que sobram em estoque, dificilmente venderão após a celebração da data.

Há várias reportagens que questionam os preços dos ovos de Páscoa, comparando tais produtos com os chocolates que se encontram em supermercados e lojas especializadas. Será que se justifica o ovo de Páscoa possuir um preço tão mais alto que um chocolate comum? Com certeza, sim.

Produtos sazonais carregam um risco extra quando comparados a produtos vendidos regularmente. Tal risco refere-se aos produtos que, após um curto e forte período de vendas, sobram em estoque. Aí não tem jeito, é complicado de vender. Por isso, precificar produtos sazonais costuma ser um desafio. É preciso prever as vendas de forma mais precisa que produtos convencionais, reconhecer quanto os consumidores estão dispostos a pagar e evitar sobras. Essa conta não é fácil de fazer, é preciso amplo conhecimento de mercado e, preferencialmente, experiência na área.

Para isso, estude mercados sazonais. Basear o preço somente nos custos de produção pode ser arriscado, pois o produto pode ficar caro demais ou barato demais. É preciso estar alinhado com o mercado e observar a disposição dos consumidores em adquirir esse tipo de produto. Conhecimentos, experiência e intuição tendem a ser os elementos formadores dos preços de produtos sazonais.

POR QUE *E-COMMERCE* É MAIS BARATO?

O *e-commerce* exerceu papel fundamental durante a pandemia. Ele foi o principal canal para as pessoas obterem produtos e serviços em um cenário de isolamento social com comércios inteiramente fechados. Há tempos, o *e-commerce* vem se desenvolvendo e quando a pandemia chegou, ele já estava maduro o suficiente para assumir um papel central no atendimento das demandas dos clientes. As pessoas aprenderam a comprar na internet e muitas enfrentaram o medo da compra online. O setor de vestuário que o diga!

Muitas pessoas jamais tinham tirado medidas do próprio corpo e, durante a pandemia, tiveram de fazer isso para poder comprar roupas no *e-commerce* com maior segurança. Estas barreiras vencidas pelos consumidores tendem a se estender para o pós-pandemia, visto que os clientes estão mais confiantes em comprar online e os preços mais baixos são um importante atrativo.

Muitos se perguntam por que o *e-commerce*, ou comércio virtual, possui preços mais baixos do que as lojas físicas. Por que os preços não são os mesmos? Isso acontece inclusive com varejos que possuem tanto lojas físicas quanto virtuais da mesma empresa.

A explicação é relativamente simples. Possuir uma loja física é sempre mais caro que lojas virtuais. Há os custos de espaços, estoques e funcionários. Vender no mundo real é mais caro, pois os custos de uma operação física são maiores que de uma operação virtual. Portanto, não se pode estranhar se na mesma loja existe um preço para a venda na loja física e outro menor na loja virtual. Mas não é só isso.

O formato atual do *e-commerce* permite, facilmente, a comparação de preços. Há diversos sites especializados nisso. Assim, se o preço de uma loja virtual está superior às demais e o produto é o mesmo, dificilmente o negócio será fechado. Isso faz com que os preços dos produtos anunciados na internet sejam muito dinâmicos, subindo e descendo várias vezes ao dia. Portanto, se achar uma boa oferta, aproveite, pois o preço pode mudar em instantes.

Além disso, é mais fácil alterar preços na loja virtual. Poucos comandos permitem alterações rápidas, diferente da loja física, que, muitas vezes, exige esforço para efetuar alterações de preços, como trocas de etiquetas.

Há ainda um último motivo: a experiência de compra. Efetuar compras do mundo virtual não permite, o contato prévio com produtos, e muitas vezes não há participação de nenhuma pessoa da loja virtual. Enquanto isso, na loja física há vitrines, várias opções, possibilidade de experimentação, apoio de vendedores e visão conjunta de vários produtos ao mesmo tempo. A experiência é mais rica, sensorial e emocional. O *e-commerce* ainda não consegue entregar isso e, para compensar, precisa de algum chamariz. Geralmente, o chamariz é o preço.

De um lado, o *e-commerce* oferece preços mais baixos, o que é ótimo para compras planejadas. Por outro, a loja física oferece experiências mais ricas, que geralmente motivam compras por impulso e cobram mais por isso. Ou seja, cada tipo de loja tem o seu papel e uma não exclui a outra.

EVENTOS QUE AFETAM OS PREÇOS

Eventos fortuitos podem impactar os preços e muitas vezes exigem uma revisão das estratégias e políticas de preços das empresas. Este é o caso da pandemia do coronavírus. O surgimento e estabelecimento da pandemia gerou impactos no mercado e exigiu uma revisão dos preços e suas políticas em praticamente todas as empresas. Os efeitos da pandemia foram sentidos por todos e reavaliações das estratégias de mercado foram necessárias, se não obrigatórias. Um exemplo interessante de evento fortuito impactando nos preços foi o navio encalhado no Canal de Suez.

No dia 23 de março de 2021, o navio Ever Given, operado pela empresa Evergreen, encalhou no Canal do Suez, a principal ligação marítima entre a Ásia e a Europa. Em meio a ventos fortes e uma tempestade de areia, a embarcação bloqueou a passagem, gerando uma fila com mais de 400 outros navios. Empresas especializadas em comércio marítimo estimaram que as perdas econômicas ligadas ao encalhe, direta ou indiretamente, passaram de R$ 300 bilhões.

Eventos como este, que resultam no impedimento do comércio internacional, impactam no fornecimento de *commodities*, de insumos de produção e de produtos acabados, além de aumentar o custo da logística marítima. Considerando que todos esses aspectos fazem parte da composição de preços e serviços, naturalmente há uma pressão por altas de preços devido a aumentos de custos e escassez de matérias primas e produtos acabados.

O profissional de marketing e vendas que trabalha com estratégias e ações de preços precisa estar atento a isso, pois o efeito cascata tende a resultar em uma pressão para o aumento do preço ao consumidor. Só tem um problema: o consumidor não tem muita disposição de pagar mais por um produto/serviço. Ou seja, por um lado, uma pressão de custos. Por outro, uma pressão para manter os preços de venda. Como fechar essa conta?

Muitas empresas abrem mão de margem para manter os seus preços e compensar os custos mais altos. Se for algo temporário, não há problema, mas é preciso considerar que as margens das empresas do mercado, de modo geral, já estão bem apertadas, especialmente porque a concorrência só cresce. E cortar margens pode não ser saudável financeiramente. Qual é a solução?

Há dois caminhos, que podem ser usados separadamente ou em conjunto. Desenvolver estratégias para, primeiro, ampliar o volume de negócios com os atuais clientes e, segundo, conquistar novos clientes. O primeiro refere-se às ações que façam que os clientes comprem mais do que geralmente compram, ampliando, por exemplo, o mix de produtos e serviços. Um cliente que compra mensalmente três itens pode passar a comprar cinco, dependendo das ações da empresa que favoreçam essa compra adicional.

O segundo é a tradicional captação de novos clientes para ganhar volume e reduzir custos. Mais clientes comprando e em maior quantidade ou variedade permite ganhos de escala, que reduzem o impacto do custo de produtos/serviços no preço de venda ao consumidor.

Situações inesperadas, como a que aconteceu no Canal de Suez ou o surgimento da pandemia, requerem ações estratégicas dos profissionais que atuam com gestão de preços. Essas ações podem ser a diferença entre uma empresa ter lucratividade ou não.

PREÇOS E PÓS-PANDEMIA

Após a análises dos vários aspectos relacionados a preços, uma constatação é certa: no pós-pandemia, as políticas de preços precisam ser profundamente reanalisadas. Frente a um mercado que se equilibra entre o real e o virtual, com um consumidor vivenciando uma nova realidade, desenvolver novas e criativas estratégias de preços podem fazer muita diferença no mercado. Isso requer principalmente o desenvolvimento de conhecimentos em políticas e estratégias de preços, bem como a realização de pesquisas para desvendar quem é o novo consumidor.

É esperada uma forte competição entre os vários participantes do mercado: empresas reais, digitais e híbridas. O preço tende a ser um fator decisivo de escolha dos consumidores, sendo portanto uma estratégia competitiva relevante para o pós-pandemia, independente da empresa.

5

CARACTERIZE OS SEUS CLIENTES E DÊ FOCO A QUEM FAZ BONS NEGÓCIOS COM VOCÊ

Uma das tarefas mais importantes do pós-pandemia é se dedicar a estudar os clientes, mais precisamente escolher clientes e direcionar sua atenção para os clientes-alvo nesse novo contexto. Porém, esta não é uma tarefa trivial, pois exige o desenvolvimento das competências certas, como: capacidade de análise, conhecimento de mercado e práticas de pesquisa, especialmente devido às mudanças trazidas pela pandemia.

Infelizmente, muitas empresas se arriscam no mercado tentando vender para qualquer consumidor, o que resulta em um gasto de energia e recursos, muitas vezes escassos, que pode comprometer o futuro da empresa. Reconhecemos isso quando observamos empresas tentando vender de modo indiscriminado para todo tipo de consumidor, sem foco, sem um discurso adequado e direcionado para um público específico.

Assim, escolher os clientes-alvo tende a ser uma das primeiras atividades dos gestores de marketing e vendas, no intuito de direcionar suas atividades para os consumidores que realmente vão se interessar e potencialmente comprar o que a empresa oferece. Tal escolha deve ser pré-definida pela empresa e seus gestores.

E quem é o cliente-alvo? É aquele que vai olhar para as ofertas da empresa e se interessar por elas, ou seja, é o consumidor que vê valor no que a empresa apresenta ao mercado. Enxergar valor significa que o consumidor vê benefícios suficientes para querer comprar o produto/serviço. Esse consumidor deve ser o foco da empresa, porque tentar vender para quem não vai comprar não é tarefa fácil e geralmente não traz bons resultados.

O cliente certo, ou cliente ideal, fica feliz com os negócios que faz com a empresa, enquanto ela ganha dinheiro com esse relacionamento. Casamento perfeito, visto que ambos os lados ganham. As empresas que encontram os clientes certos e se dedicam a eles obtêm como resultado um ótimo desempenho.

O CLIENTE IDEAL

Após diversas mudanças no mercado devido à pandemia, uma das primeiras atividades para o pós-pandemia é caracterizar os clientes e dar foco aos melhores clientes. Comece descrevendo o cliente ideal, afinal, quem escolhe os clientes da empresa é a própria empresa. Jamais vá para o mercado sem fazer essa escolha!

O cliente ideal, além de enxergar valor no que a empresa tem a oferecer, demanda pouco esforço para ser conquistado. A empresa não precisará fazer ofertas agressivas, pois o cliente ideal enxerga na empresa uma solução para as suas necessidades e desejos e, com isso, tende a pagar preços mais altos que outros tipos de clientes.

O cliente ideal tende a comprar em maior quantidade e com mais frequência, gerando faturamentos superiores para a empresa quando comparado a outros grupos de clientes. Além disso, o cliente ideal possui forte tendência de se tornar um parceiro e apoiador da empresa, recomendando-a para outros. O cliente ideal também custa menos, pois vender para ele é mais barato e o esforço de vendas é menor. Gastos com comunicação e equipes de vendas podem ser reduzidos quando a empresa foca no cliente ideal, por exemplo.

Obviamente, o cliente ideal é mais lucrativo. Se a empresa fatura mais e gasta menos com esse tipo de cliente, o resultado é positivo. Portanto, se você reconhecer os seus clientes ideais, não os perca, de jeito algum, pois eles são a fonte de boa parte de sua lucratividade. Identifique o quanto antes o seu cliente ideal e invista nele. Mais do que isso, procure potenciais clientes que se assemelham aos clientes ideais que já possui, o que pode garantir um bom resultado para a sua empresa.

Por exemplo: se você tem uma loja de computadores, verá que os clientes ideais variam conforme o tipo de máquina que você vende. Nesse caso, considere uma máquina de valor alto e que tenha alta capacidade gráfica. Potencialmente, os clientes ideais são aqueles que valorizam esse aspecto, como designers, arquitetos e jogadores profissionais, os famosos *gamers*. Se um deles aparecer na sua loja, você sabe que terá mais chances de vender para ele comparado a outros clientes que não se prontificam a pagar valores altos em virtude das qualidades gráficas do produto.

No setor de serviços funciona da mesma maneira. Imagine que você trabalha em uma empresa de investimentos. Nesse caso, quem é o cliente ideal? Muito provavelmente, um indivíduo mais propenso a riscos e com dinheiro suficiente para investir. Reconhecer essas características é um facilitador para o trabalho do profissional de marketing e vendas.

CLIENTES EVOLUEM: CLIENTES DO SÉCULO 20 E 21

Escolher clientes para focalizar as ações de marketing e vendas depende da capacidade da empresa de ler os comportamentos mais atuais das pessoas e de toda a sociedade, principalmente no pós-pandemia. Não se pode confiar em pesquisas de clientes realizadas há dez, 15 anos atrás, nem mesmo as mais recentes e próximas ao início da pandemia. É alta a velocidade de mudanças nos comportamentos dos membros da sociedade, portanto, fique atento e atualizado, pois o cliente do passado ficou no passado. O que vale é o cliente atual e o cliente futuro no novo normal.

Devido à pandemia, a primeira característica do cliente atual é seu envolvimento com as múltiplas tecnologias existentes. Quase ninguém mais vive sem apoios tecnológicos, mesmo aqueles que não são nativos digitais, pois elas permitem o acesso a diversos produtos e serviços. Em consequência, houve o aumento da concorrência, pois as empresas que não tinham acesso a diversos clientes em variados locais passaram a acessá-lo por meio das tecnologias de informação e comunicação.

Portanto, saiba como é a relação dos seus potenciais clientes com as tecnologias disponíveis e futuras, para que possa investir nisso. Muitas empresas investem indiscriminadamente em todo o tipo de novas tecnologias, principalmente motivadas pelas mudanças impostas pela pandemia. Essa atitude não é correta, já que o foco deve ser nas tecnologias que importam aos clientes escolhidos pela empresa. O restante é desperdício de recursos.

Outra característica do cliente atual é uma preocupação social mais abrangente do que os clientes do passado. Cuidados com a natureza e justiça social permeiam as decisões dos clientes atuais, que valorizam e privilegiam cuidados ecológicos, redução de desigualdades, entre outros. Assim, a dica é reconhecer isso nos clientes a escolher. Quão importante é isso para eles? Se for importante, invista nisso.

Também é importante destacar outra característica do cliente atual e que o distingue do cliente do passado: eles querem ter voz. Jamais o cliente exigiu tantos meios de comunicação com a empresa, além de dar mais valor às informações de outras pessoas do que às informações da própria empresa.

Então, reconheça as necessidades de comunicação dos clientes que você quer e ofereça essas possibilidades para ele. Lembre-se que um cliente que reclama é o melhor cliente para você. O problema maior refere-se aos clientes que enfrentam problemas, não reclamam e simplesmente migram para a concorrência. Fique atento e continuamente aprenda sobre as mudanças dos comportamentos dos clientes no pós-pandemia. Se você atender as demandas dos clientes que pretende alcançar, as chances de sucesso aumentam muito.

É PRECISO ESCOLHER BEM OS SEUS CLIENTES

Uma das decisões mais importantes para qualquer empresa, especialmente para as startups, é a escolha dos clientes-alvo. O que levar em consideração para definir os clientes-alvo? É a partir dos clientes-alvo que toda a estratégia de marketing e vendas é definida. Especialmente no pós-pandemia, com as mudanças de comportamentos dos clientes, escolher os clientes certos é fundamental para o sucesso da empresa.

Tomar decisões acertadas em relação aos clientes-alvo pode representar a diferença entre o sucesso e o fracasso de uma empresa. Tais decisões devem ser bem embasadas e avaliadas, pois errar na escolha dos clientes-alvo causa sérios problemas para qualquer empresa. Durante a pandemia, por exemplo, alguns tipos de negócio sofreram ao não fazerem a escolha certa de clientes, quando mudanças operacionais foram necessárias. Os restaurantes tradicionais, por exemplo, quando foram fechados e migraram para o sistema de *delivery*, consideraram que os clientes teriam as mesmas preferências daqueles que frequentavam presencialmente, o que não se confirmou. Todo o esforço para atender esses clientes, sem os conhecer adequadamente, resultou em desempenhos pífios e muitos desses restaurantes fecharam.

Ou seja, se houvesse tido o planejamento certo para a escolha dos clientes, a situação poderia ter sido diferente. Para boa parte das empresas, faltou reconhecer as características desse novo cliente, especialmente demandas e preferências. Aqui vão algumas dicas para que você faça escolhas certas:

✕ Escolha clientes-alvo que possuam capacidade financeira para comprar o que a empresa vende.

✕ Os clientes-alvo escolhidos devem ser em quantidade suficiente para que a empresa possa ganhar dinheiro com eles.

✕ Escolha clientes-alvo acessíveis, ou seja, a empresa deve ser capaz de alcançar os clientes-alvo que pretende conquistar.

✕ Os clientes-alvo escolhidos devem ser seduzidos pelas ações de marketing e vendas da empresa.

✕ Escolha clientes-alvo que reconheçam benefícios nos produtos e serviços da empresa, ou seja, eles devem atender as necessidades e desejos dos clientes-alvo de modo superior aos concorrentes.

✕ As vantagens da empresa frente aos seus competidores devem ser facilmente observadas pelos clientes-alvo por meio da comunicação que a empresa faz.

Vale destacar que estas dicas servem para qualquer realidade das empresas de modo geral, inclusive o pós-pandemia. Isso não mudou, o que mudou foi o comportamento dos clientes. Logo, é preciso que o processo descrito seja refeito, pois as mudanças no mercado alteraram as características dos clientes. Porém, o processo continua o mesmo.

TENTANDO VENDER PARA OS CLIENTES ERRADOS

Um dos erros mais comuns das empresas é tentar vender para os clientes errados. Quando você vai para o mercado sem uma definição clara de quem é o seu cliente, você corre o risco de tentar vender para os clientes errados, mas não é fácil vender para um cliente que não quer comprar.

É simples vender para um cliente que está a fim de comprar e que tem interesse naquilo que você vende, mas quando o cliente não demonstra a mínima disposição em comprar de você, é muito difícil vender. Não é fácil realizar essa venda e isso é um primeiro sinal de que você está fazendo alguma coisa errada. Então, se você ainda não definiu quem é o seu público-alvo efetivamente e está tentando vender para qualquer um, muitos irão resistir e até mesmo rejeitar as suas ofertas. É possível que alguns deles comprem, mas isso não produzirá um bom resultado, porque geralmente o cliente errado se arrepende e depois ele fala mal, reclama e não indica a empresa.

Muitas vezes, bons produtos e serviços de boas marcas e boas empresas sofrem resistências do mercado justamente porque elas não souberam alvejar o mercado adequadamente. Essa situação acontece, principalmente com *startups*, quando se tenta vender para todo mundo. Isso é uma estratégia errada!

Primeiro, escolha quem são os clientes que mais têm interesse por aquilo que se busca oferecer. A partir disso, direcione as atividades, as ações de mercado e de vendas para esse tipo de cliente. As tentativas de vendas para as pessoas que não são beneficiadas pelo produto/serviço provavelmente não vão surtir o resultado desejado, por mais que se consiga fazer os negócios. O problema não é o negócio, é o depois da venda e esse depois pode ser muito mais danoso para a empresa do que não efetuar venda.

Antes de tentar vender para qualquer um, escolha para quem vender. A partir disso, a venda será facilitada. As pessoas irão acolher melhor as propostas, prestar atenção, demonstrar interesse e irão querer negociar ou dar aquela pechinchada. Se você alvejar corretamente os seus clientes, terá maior facilidade na venda, porque é sempre muito mais fácil de vender para quem quer comprar.

Durante a pandemia, lojas de variados setores entraram em pânico quando o comércio foi fechado e, nesse momento, cometeram o erro de tentar vender para qualquer um. Muitas lojas pegaram números diversos de WhatsApp, obtidos de variadas fontes, e iniciaram um processo de envio de mensagens oferecendo produtos e serviços sem qualquer critério. Muitas foram bloqueadas e ficaram com a imagem arranhada devido a essa atitude impensada. Certamente, agir desse modo não ajudou a empresa e ainda colaborou para espantar os atuais clientes.

O QUE O CLIENTE PENSA DA EMPRESA?

Uma das regras mais exitosas na escolha de quais clientes atender passa por encontrar os clientes que possuem percepções positivas a respeito da sua empresa. Porém, algumas empresas pouco conhecem os sentimentos dos clientes com relação à empresa, marca e produtos ou serviços. O que o cliente pensa da sua empresa?

Não é fácil conhecer as percepções dos clientes atuais e potenciais com relação à empresa. Muitos clientes simplesmente não estão dispostos a compartilhar com a empresa seus sentimentos em relação à mesma. Por outro lado, muitas empresas têm medo de saber o que os clientes pensam, pois o sentimento pode não ser positivo e trazer críticas à empresa. Afinal, ninguém gosta de ser criticado!

Para vencer o desafio de escutar os clientes, algumas recomendações:

✕ Perca o medo: não adianta não querer escutar as críticas, pois enquanto você não souber o que os clientes pensam de você, os problemas continuarão ocorrendo.

✕ Faça pesquisas frequentes e em profundidade: conversas com clientes são as fontes mais ricas de informação sobre o seu negócio, afinal são eles que financiam a empresa.

✕ Registre todas as impressões espontâneas dos clientes: comentários em redes sociais ou em outras plataformas virtuais são reflexos dos sentimentos dos clientes e devem fazer parte das informações que dão base às decisões da empresa.

✕ Valorize todos os pontos de contato com os clientes: as informações dos clientes vêm por diversos canais e em diversos momentos, por isso é preciso possuir meios de captar as percepções dos clientes em todos os momentos. Algumas situações importantes são as conversas com o vendedor, serviços de atendimento ao consumidor e redes sociais.

✕ Responda a questionamentos e críticas: empresas que reconhecem problemas e trabalham para revertê-los são vistas como empresas melhores por parte dos clientes, porém as soluções propostas devem efetivamente resolver os problemas. Somente desculpar-se é pouco.

✕ Mapeie os sentimentos dos clientes: faça uma consolidação dessas informações para agir frente aquilo que é mais importante, evitando desperdiçar recursos com situações pontuais.

É importante destacar que, mesmo com todos esses cuidados, não é possível agradar a todos. Ninguém está livre de críticas. Mesmo realizando todas essas ações e reagindo positivamente e ativamente frente às reclamações, elas fazem parte do processo de aprimoramento da empresa e irão continuar surgindo. A questão não é a existência de críticas, mas como se lida com elas.

CARACTERIZANDO OS SEUS CLIENTES: A *PERSONA*

A caracterização dos clientes típicos de uma empresa é uma das atividades de marketing mais tradicionais. Para saber para quem vender, é preciso caracterizar os clientes em termos de idade, renda, gênero, entre outras singularidades. A evolução da caracterização de clientes deu origem a uma nova forma de descrever o cliente típico de uma empresa: a *buyer persona*. Construir a caracterização dos clientes a partir da técnica de *buyer persona* representa criar clientes fictícios — uma reprodução dos clientes ideais para a empresa —, mas como fazer isso?

✗ Considere primeiramente características tradicionais, como idade, gênero, renda, local de moradia, ocupação, escolaridade, entre outros, pois isso precisa compor o perfil básico da *persona*.

✗ Indo mais além, investigue seus clientes e descreva hábitos, frustrações, desafios enfrentados, tentando descobrir maiores detalhes sobre como eles vivem.

✗ Descobrir estilos de vida, hobbies, crenças, atitudes e preferências aprofundam seus conhecimentos sobre os seus clientes também.

✗ Busque detalhes relacionados ao consumo. Como os seus clientes compram, quem os influencia, quais são as suas mídias preferidas, tecnologias utilizadas, critérios de decisão de compra, locais de compras e principais fontes de informação.

✗ A partir desse minucioso levantamento realizado junto aos clientes, crie a *persona*, ou seja, uma pessoa fictícia que representa os seus clientes. É possível criar mais de uma *persona*, dependendo de quantos segmentos de mercado você atende.

Com a *persona* construída, desenhe suas estratégias de marketing para alcançar a todos que possuem características similares, focando seus esforços em quem realmente pode se interessar por seus produtos e serviços.

Venha, vamos construir um simples exemplo para o desenvolvimento de uma *persona*. Imagine que, após investigar seus clientes, você descobriu as seguintes características:

1. Eles são jovens adultos.
2. Eles possuem alta renda.

3. Eles se dedicam profissionalmente.
4. Eles gostam de ir à praia.
5. E eles utilizam muito as redes sociais e *e-commerce*.

Pronto, você tem todo o insumo que precisa para estabelecer a persona. A partir destas informações, escolha um nome e caracterize a pessoa: "Meu nome é Tiago, tenho 30 anos, trabalho muito e ganho bem. Nos finais de semana vou à praia. Também estou sempre conectado e sempre atualizo minhas redes sociais. Só compro em aplicativos e na internet." Está feito! Agora, você vai procurar todos os "Tiagos" que puder encontrar, pois é provável que eles se tornem seus clientes.

> *Buyer persona:* forma lúdica e fictícia de descrever os clientes de uma empresa, envolvendo não somente aspectos sociodemográficos, mas também características comportamentais e de personalidade. Busca simbolizar um grupo de consumidores parecidos e facilita a empresa a compreender quem são os clientes e o que precisam. É um termo bastante recente que vem substituindo a tradicional caracterização do cliente típico de uma empresa.

SERÁ QUE O CLIENTE SEMPRE TEM RAZÃO?

Existe uma máxima no comércio que diz "o cliente sempre tem razão". Essa frase é ótima, pois representa o cuidado que uma empresa tem com os seus clientes, mas fica a dúvida: será que sempre tem razão mesmo? Está criada a polêmica!

É certo que muitas empresas cometem equívocos que, posteriormente, refletem nos clientes com problemas em produtos ou serviços. Nestes casos, não há nem discussão, ou pelo menos não deveria. Erros das empresas junto aos seus clientes precisam ser reparados, o que pode resultar em maior satisfação dos clientes, ampliando a vontade dele de comprar novamente da empresa, bem como de recomendá-la para outros. Ou seja, reparar erros de modo eficaz gera benefícios para a própria empresa.

Mesmo assim, pode-se afirmar que nem sempre o cliente tem razão. Existem pessoas que agem de má fé ou mesmo tentam reparar seus erros transferindo problemas para as empresas. Nesses casos, o cliente não tem nenhuma razão. A empresa precisa se certificar disso e se defender da melhor forma possível, pois essa crença que o cliente sempre tem razão nem sempre é verdade.

Já ocorreram diversos casos assim. Clientes que queriam que as empresas assumissem os erros dos próprios clientes. Tais empresas, às vezes pequenas, se sentem acuadas e tentadas a absorver o prejuízo. Está errado! Se a empresa não tem culpa, não deve assumi-la e, se for o caso, pode até questionar o cliente judicialmente.

É claro que algumas empresas resolvem assumir os erros dos clientes por pura gentileza, ganho de imagem ou mesmo para atrair mais clientes. Nesses casos, deve-se deixar claro que o cliente não tem razão e que as atitudes da empresa são puramente com o intuito de contribuir com o cliente.

Portanto, para esclarecer: cliente sempre tem razão se realmente tiver razão. Se estiver errado, a empresa não deve aceitar chantagens ou ofensas. É preciso reagir, pois deixar que clientes mal intencionados se aproveitem das empresas é algo que pode causar sérios transtornos para a própria empresa.

Atenção: O aumento do uso de tecnologias em todo o processo de atendimento ao cliente faz com que alguns deles se sintam com mais poder e razão, inclusive chantageando seus fornecedores. Por exemplo, vez ou outra ocorrem problemas em lojas de *e-commerce* ou *marketplaces*, como preços errados, descontos incorretos, entre outros. Essas falhas abrem brecha para um maior abuso de consumidores mal intencionados, especialmente por ser um relacionamento mais impessoal e quase inteiramente mediado sem contato físico e/ou humano. Esteja atento e invista, principalmente, em tecnologia e equipe para evitar esse tipo de problema.

MELHORE O ATENDIMENTO AOS SEUS CLIENTES

A ocorrência da pandemia mudou significativamente a forma de atendimento aos clientes. Hoje, observa-se que muitos clientes estão sendo atendidos por aplicativos de mensagens e redes sociais, mas algumas coisas não mudaram, pois a essência do atendimento a clientes continua sendo basicamente a mesma. Com isso, deve-se definir um tipo de atendimento para que você possa fechar negócios efetivamente, conquistar clientes, reter clientes e fazer com que eles comprem novamente.

Um dos grandes problemas do atendimento é quando um vendedor está muito afoito para vender. Talvez seja por isso que muitos clientes não gostem de ser atendidos, afinal de contas, o vendedor, na disposição de vender, não escuta o cliente e atropela o processo, perdendo negócios simplesmente por não entender as demandas dos clientes.

Escute com muita atenção os seus clientes, especialmente porque o cliente pós-pandemia mudou e muito do que se sabia não vale mais! Primeiro, faça perguntas, muitas perguntas. É preciso ficar claro para o vendedor o que o cliente está procurando exatamente, assim o vendedor saberá se aquilo que irá oferecer realmente resulta na solução buscada pelo cliente. Uma pessoa somente efetua uma compra porque ela percebe uma demanda, seja ela racional ou emocional.

Com isso, cabe ao vendedor compreender claramente qual é essa demanda, para que ele possa fazer uma oferta adequada. A partir do momento que você investigou o cliente, entendeu exatamente aquilo que ele demanda e o que está buscando, faça a oferta mais coerente. Não adianta tentar vender aquilo que não vai resolver o problema do cliente, porque pode-se até fechar o negócio, mas em algum momento ele irá perceber que aquilo não serve para ele e, por consequência, ele não irá mais comprar da empresa e irá falar mal da mesma. Hoje em dia, com as redes sociais, internet e aplicativos, falar mal é fácil. No risco, oriente o cliente, mas não faça ofertas inadequadas.

Em terceiro lugar, tire as dúvidas dos clientes. A partir do momento que o vendedor descobre o que o cliente quer e fez a oferta, irão surgir dúvidas. Lembre-se o cliente é um leigo e, provavelmente, não entende exatamente aquilo que está comprando. Alguns clientes não têm dúvida nenhuma e fazem a escolha e efetuam a compra, mas grande parte das pessoas vão realizar uma série de perguntas, que, geralmente, são percebidas como objeções, ou seja, uma forma do cliente se recusar a comprar. São questões relacionadas a preço, prazo de pagamento e qualidade daquilo que está sendo oferecido. Cabe ao vendedor, primeiro, compreender as dúvidas dos clientes, porque normalmente as primeiras dúvidas não são reais, mas cortinas de fumaça. Deve-se estender as perguntas até que o cliente consiga compreender claramente que a sua oferta realmente se encaixa na demanda dele.

Não é o vendedor que irá decidir pelo cliente, é o cliente que irá decidir. O papel do vendedor é conduzi-lo para a decisão. Por isso, é necessário estar bem preparado para perguntar para os clientes, fazer ofertas adequadas e tirar dúvidas. Apesar da pandemia e do novo normal, isso não mudou. Se o profissional de marketing e vendas se dedicar a fazer grandes atendimentos, atendendo ao que os clientes precisam e deixando eles satisfeitos com a escolha que fizeram, eles irão procurá-lo novamente e irão comprar de novo do profissional.

A RETENÇÃO DE CLIENTES

Após a conquista dos clientes, é hora de segurá-los. A atividade de captação e atração de clientes é só o primeiro passo, pois é necessário muito esforço para a busca e conquista de potenciais clientes. É um esforço que não pode ser desperdiçado!

Retenção de clientes é a atividade realizada por gestores de marketing e vendas para que os clientes continuem comprando quando identificam alguma necessidade ou desejo relacionada ao que a empresa faz. A retenção de clientes é tão importante quanto a conquista de clientes, por isso escolher os clientes ideais é relevante, já que eles são mais fáceis de atrair, conquistar e reter.

Tentar reter quem tem pouco interesse por seus produtos e serviços geralmente resulta em desperdício de recursos e frustrações. Ao reconhecer os clientes ideais para a empresa, prepare um plano de retenção, seja por meio de algum programa de fidelidade, contrato, ou mesmo um forte relacionamento. Entre as opções de retenção de clientes, sem dúvida, planos de relacionamento tendem a ser os melhores.

Por exemplo: imagine que você é gestor de uma academia. Existem muitas pessoas que pensam em fazer exercícios regulares para cuidar da saúde e do corpo, certo? Por outro lado, a maior parte das pessoas não consegue manter-se em atividades físicas em uma academia por muito tempo. O volume de desistências é sempre muito alto. Neste caso, um plano de retenção é fundamental, pois, se não há tantos clientes dispostos a continuar contratando os serviços da academia, aqueles que persistem e continuam precisam ser tratados de forma diferente. Estabelecer relacionamentos com esses clientes pode fazer muita diferença no desempenho do negócio.

EMPRESAS MORREM POR FALTA DE CLIENTES

Um assunto que de tempos em tempos ocupa espaço na mídia é a mortalidade de empresas nascentes, as conhecidas *startups*, sejam elas tecnológicas ou não. Tradicionalmente, várias empresas iniciantes fecham as portas pouco tempo depois de iniciar suas operações. Durante a pandemia, por exemplo, muitas empresas fecharam, tanto as nascentes quanto aquelas que já operavam normalmente. Por que isso acontece com tanta frequência?

Entre diversos motivos identificados por organizações ligadas aos empreendedorismo, uma razão sempre se destaca: a falta de clientes. Majoritariamente, pesquisas com empresas que fracassaram ainda em estágio inicial apontam que poucos clientes — por vezes, nenhum cliente — geralmente são a principal causa do encerramento das atividades.

Se sabemos disso há tanto tempo, pois não é nenhuma novidade, porque continua acontecendo? Isso é um mistério. É difícil compreender como uma pessoa se dispõe a investir em um negócio sem saber claramente quem serão seus clientes, afinal são estes quem financiam a empresa. Existe uma falta de visão de mercado nos empreendedores nascentes, pois há uma boa ideia, um bom produto ou serviço, boas operações, mas falta o mais importante: aquele que pagará a conta, o cliente. Excelentes ideias podem ficar pelo caminho simplesmente pela pouca atenção que os empreendedores dão aos potenciais clientes.

Uma das primeiras atividades de um gestor, portanto, é justamente escolher os seus clientes. É preciso ter clareza sobre quem serão os clientes, para elaborar planos para atraí-los, conquistá-los e retê-los. É muito arriscado começar um negócio sem definir antecipadamente quem será beneficiado por aquilo que a empresa faz e quem vê valor no que a empresa tem a oferecer.

Como resultado da pós-pandemia, muitas empresas estão na posição de empresas nascentes, buscando seu mercado no novo normal. Espera-se que os empreendedores aprendam com outros que fracassaram e realizem a importante tarefa de escolher seus clientes antecipadamente. Toda a operação da empresa deve levar em conta o cliente que a empresa quer alcançar. Exercícios de escolha e caracterização de clientes são fundamentais para diminuir a chance de uma nova empresa fracassar. Afinal, se você tem clientes, o restante você dá um jeito!

EMPRESAS QUE GANHARAM CLIENTES RAPIDAMENTE

Durante a pandemia, algumas empresas conquistaram uma grande quantidade de clientes rapidamente. Qual é o segredo? Na verdade, não há uma fórmula mágica, mas um conjunto de ações que juntas resultaram na rápida conquista de numerosos clientes.

A primeira dessas ações é reconhecer as demandas de grandes grupos de clientes e propor soluções inovadoras. Inovação não significa tecnologia, mas tornar a vida das pessoas mais fácil, oferecendo soluções que contribuam com variados grupos de clientes. Outra ação é focalizar toda a empresa nos clientes, pois eles devem ser o centro das atenções. Compreender os consumidores e reconhecer suas necessidades e desejos aumenta muito a chance de a empresa alcançar grandes grupos de clientes.

A comunicação é mais uma ação que permite atrair clientes rapidamente. Planos integrados de comunicação, reunindo mídia tradicional com mídia digital, fazem da empresa e suas marcas uma lembrança constante na mente do consumidor. Quem é visto é lembrado, quem é lembrado é comprado! As ações promocionais também facilitam muito a conquista rápida de numerosos clientes. Realizar ações criativas — e muitas vezes até baratas — pode favorecer o interesse dos clientes pelos produtos e serviços da empresa. Quanto mais impactante for a ação promocional, mais mídia espontânea será gerada, ajudando a conquistar grandes grupos de clientes.

Por fim, os produtos e serviços da empresa devem prometer benefícios que transformem a vida dos consumidores no novo normal. Propor valor excepcional para os clientes tende a ser um dos grandes motivadores para despertar o interesse de muitas pessoas.

POR QUE INVESTIR NO CUIDADO COM OS CLIENTES?

Personagem essencial para todos os negócios, o cliente requer reflexões contínuas por toda e qualquer empresa. Cabe especialmente ao profissional de marketing e vendas estar sempre pensando nele.

Refletir sobre clientes significa pensar sobre o que estamos fazendo para cuidar deles. Principalmente, os nossos melhores clientes, mas o que seria um cliente importante? É aquele que não somente compra continuamente da nossa empresa, mas também a indica para todos os seus círculos de relacionamento. Esse cliente é realmente importante, sobretudo se ele é muito presente nas redes sociais, pois no ambiente digital as pessoas falam tudo de bom e ruim. Seja a empresa no qual falam tudo de bom!

E aí vem a dúvida: você conhece seus clientes? Sabe quem está sempre comprando de você e ainda trazendo novos clientes para você? Responder "não" a essas perguntas é preocupante, então vá atrás das respostas!

O pós-pandemia ainda exige um esforço em conhecer os clientes, pois eles mudaram. O novo normal trouxe clientes com comportamentos diferentes e é muito importante reconhecer essas mudanças, orientando a sua empresa em como cuidar desse novo perfil de cliente.

Conheça mais os seus clientes, de modo a estreitar as relações. Saiba de quem você depende, amplie os contatos e aproxime-se. Você perceberá que vai adquirir um importante parceiro, que provavelmente vai lhe ajudar voluntariamente. **Lembre-se: é muito mais barato manter os atuais clientes do que conquistar novos.**

FALE COM SEUS CLIENTES A PARTIR DE UM PLANO DE RELACIONAMENTO INDIVIDUALIZADO

Entre as várias estratégias de marketing e vendas, o relacionamento com clientes é uma das principais ações. Salvo negócios com grandes volumes de clientes que compram montantes relativamente pequenos — como supermercados, por exemplo —, o relacionamento com clientes mostra-se vital para muitos empreendimentos. Sem se relacionar com clientes, é possível que tais negócios não sobrevivam.

O relacionamento com clientes não é algo novo. Ele remonta à década de 1980 e vem ganhando importância ao longo dos anos. Hoje, pode-se afirmar que o relacionamento possui grande relevância para a competitividade das empresas, afinal, estratégias digitais estão deixando de ser um diferencial e se tornando uma necessidade básica. Então, como se destacar? **Se relacionando com os clientes!**

O relacionamento com os clientes gera lealdade, o que é diferente de fidelidade. Um cliente fiel é aquele que compra sempre, enquanto um cliente leal é aquele que voluntariamente compra sempre e ainda indica a empresa para outras pessoas. Um cliente fiel não necessariamente é leal, pois ele pode ser fiel por falta de opções, isto é, ele pode não gostar do fornecedor, mas compra sempre porque não tem outra alternativa ou porque está preso em alguma espécie de contrato de fidelidade. O que se busca mesmo são clientes leais, esse sim os mais valiosos para uma empresa!

Para que o relacionamento com clientes seja efetivo, uma primeira atividade é necessária: falar com os clientes.

É incrível que ainda existam empresas que simplesmente desconhecem seus clientes e que, por consequência, não falam com eles. Algumas empresas inclusive têm receio de falar com os clientes, com medo de escutar críticas e questionamentos. Está errado! Como melhorar os seus produtos ou serviços sem saber o que está errado do ponto de vista dos clientes?

Somente falando com os clientes é possível estabelecer relacionamentos a partir de programas personalizados, desenvolvendo relações de longo prazo e tornando-os parceiros nos negócios. Em um mundo cada vez mais regido pelo digital, o relacionamento indica ser um importante diferencial para muitas empresas.

Em uma realidade pós-pandemia, o relacionamento com os clientes mostra-se uma estratégia chave, pois, em diversos segmentos, os clientes migraram para outros fornecedores baseados na acessibilidade das plataformas digitais. Chegou a hora de reatar relações e buscar os clientes novamente. Será que eles voltarão? A resposta depende da disposição das empresas para falar com os seus clientes e construir um novo relacionamento, pois vive-se um novo normal.

RELACIONAMENTO E COMPETITIVIDADE

Um dos principais benefícios do relacionamento com os clientes é a melhoria da competitividade de uma empresa. Conhecer as demandas dos clientes, além de seus comportamentos e opiniões gera uma base de informações vital para a empresa desenvolver suas capacidades e habilidade de retenção de clientes, especialmente em uma realidade pós-pandemia.

Além da retenção, há a captação de novos clientes. Isso porque o bom relacionamento com os clientes gera recomendações e indicações a outros clientes potenciais. Ou seja, se relacionar com clientes gera mais clientes, que geram mais indicações, que geram mais clientes e assim sucessivamente. Por consequência, empresas com bases de clientes em expansão tendem a ser mais competitivas. O raciocínio é simples, mais clientes geram mais faturamento, o que representa mais recursos para a empresa. Com recursos disponíveis, a empresa pode ampliar operações, inovar, desenvolver seus canais de vendas e melhorar continuamente seu mix de produtos e serviços.

Além disso, sem a construção de um relacionamento com os clientes, é mais difícil descobrir os motivos dos clientes escolherem a empresa.

A proximidade com os clientes — no mínimo, os principais — resulta em conhecimento para a empresa compreender como os clientes veem o valor no que a empresa propõe a eles. Ao enxergar valor, os clientes tendem a comprar e recomprar.

Portanto, não é possível um profissional de marketing e vendas desenvolver as estratégias de mercado sem conhecer antecipadamente o porquê de seus clientes comprarem da empresa. É preciso ouvir os clientes, compreender como eles transformam os produtos e serviços da empresa em benefícios próprios, em ganho para si e para outros que o cercam. E isso se obtém com relacionamento.

Para exemplificar, considere que você possui uma pizzaria. A maior parte das pizzarias não conhece seus clientes. Elas assumem um papel reativo esperando que os clientes entrem em contato e, portanto, não conhecem seus clientes leais, aqueles que sempre compram e que indicam para outras pessoas. Nem mesmo conhecem as preferências de seus clientes.

Se você decide desenvolver um relacionamento com os seus clientes, procurando fazer contatos frequentes e conhecendo os gostos e as preferências de cada cliente, eles se sentirão mais conectados à pizzaria e tenderão a sempre preferir a sua empresa em detrimento das demais. Essas atitudes, possivelmente, gerarão compras mais frequentes, bem como irão atrair novos clientes. Assim, a sua pizzaria será mais competitiva e se diferenciará dos concorrentes, elemento fundamental para disputar um mercado altamente concorrido.

É PRECISO FALAR COM OS CLIENTES

Para possuir um bom relacionamento com clientes, é preciso inicialmente saber o que eles pensam. Tentar adivinhar ou supor as percepções dos clientes é um risco desnecessário. Apesar disso, muitas empresas ainda agem dessa forma, achando que sabem o que os clientes pensam. Sinceramente, essa atitude não parece ser adequada.

Para saber o que os clientes pensam, é preciso falar com eles, não tem outro jeito. Fazer contatos e pesquisas junto a clientes, mesmo que informais, podem revelar surpresas. Por exemplo, por que os clientes compram da empresa? Há muitas empresas que desconhecem essas motivações. Por isso, comece imediatamente a falar com os seus clientes. Esteja aberto a críticas, sugestões e a descobrir problemas desconhecidos pela própria empresa. Clientes dispostos a falar são os mais importantes, pois muitos não contam sobre as suas frustrações com a empresa e, na primeira oportunidade, trocam de fornecedor. Perdem-se clientes e nem se sabe o porquê.

Para falar com os clientes, descubra os canais mais adequados. Alguns clientes gostam de uma interação pessoal e presencial — o que é complicado em virtude da pandemia, mas muito relevante no pós-pandemia —, outros preferem o telefone, aplicativos de mensagens ou redes sociais. Faça contato com os clientes, verifique se estão dispostos a conversar e por quais meios eles preferem a interação. A forma mais rica de contato é a interação pessoal, mas como nem sempre é possível, adapte-se aos seus clientes e não o contrário.

Ao falar com os clientes, registre tudo. Qualquer informação é importante. Se puder gravar, melhor ainda. Use o conteúdo das conversas para tomadas de decisão, como alterações em produtos e serviços, correções no trato da equipe com os clientes, oportunidades de novos negócios, produtos e serviços e indicações de novos clientes.

Só não cometa um erro: durante os contatos, não tente vender nada. Seja honesto com os clientes e diga que você quer escutá-los para atender melhor e para torná-los um parceiro do negócio. **A sinceridade é o primeiro passo para um relacionamento duradouro!**

A ARTE DA NEGOCIAÇÃO

Para se relacionar com os seus clientes, é preciso ter uma noção mínima da "arte da negociação", concorda? A verdade é que negociar é uma habilidade que pode ser aprendida e aperfeiçoada. Seja para comprar, seja para vender, seja para obter um emprego ou um benefício, o que falta é desenvolver essa importante competência. Negociar faz parte da vida de todos! Afinal, como florescer o negociador que está em você?

Em primeiro lugar, você precisa estar disposto a negociar qualquer coisa. Cursos de negociação podem ser muito úteis para aperfeiçoar habilidades de negociação, mas o primeiro passo é vencer a timidez e começar a negociar em todas as oportunidades que tiver. Você verá que estará evoluindo com o tempo. Em segundo lugar, procure fazer cursos de negociação. Se você assumiu o papel de negociador, é preciso desenvolver as técnicas necessárias para negociar. Tais cursos costumam ser muito úteis para oferecer dicas, ferramentas e meios para que você desenvolva suas competências em negociação.

Além disso, nunca faça a proposta, sempre peça as propostas e não esqueça de desenvolver suas capacidades de negociação verbal e não verbal. Aprenda a tratar de objeções para saber como reverter um "não". **Um clássico: pergunte mais e fale menos.** Torne-se um bom ouvinte, não dando informação ao outro lado e quando fizer concessões, exija algo em troca. Seja paciente e jamais aceite a primeira oferta! Aproveite essas dicas iniciais e comece a treinar seu lado negociador.

ATENDIMENTO AUTOMATIZADO E O RELACIONAMENTO COM OS CLIENTES

Entre as diferentes formas de atender aos clientes, o atendimento automatizado vem mobilizando variadas discussões referentes às agressões verbais sofridas por *chatbots*, as personagens virtuais que assumem o papel de atendentes no atendimento telefônico e/ou virtual de várias empresas. Em consequência, o uso desses recursos de automatização do atendimento, que deveriam beneficiar os clientes, vem distanciando a empresa de seus clientes.

Em razão da pandemia do coronavírus, houve um aumento significativo neste tipo de tecnologia. Segundo pesquisa da Mordor Intelligence, em 2020, a tecnologia de *chatbot* teve seu mercado avaliado em mais de US$ 17 bilhões e existe previsão de que chegue a mais de US$ 102 bilhões, em 2026. O que se percebe é que o atendimento automatizado por meio de *chatbots* é uma vantagem para as empresas que o adotam, sobretudo uma vantagem de custos, visto que a máquina é mais barata que um atendente real. Por outro lado, coloca todos clientes no mesmo patamar, trata-os como iguais, padronizando o atendimento. Só que cada pessoa é um ser único, o que vai na contramão da personalização esperada pelos clientes e que é uma forte tendência contemporânea.

É certo que alguns clientes gostam desse atendimento robotizado, mas nem todos apreciam esse tratamento dado pela empresa. E como os *chatbots* ainda são limitados, isso é fonte de profunda irritação de muitos clientes. A sensação é que a empresa não quer atendê-los e que não está muito preocupada com as demandas de seus clientes, ou seja, não quer se relacionar.

Aqui, não se questiona o uso de *chatbots*, já que eles são importantes, mas nem sempre são a melhor solução. Um dado interessante referente ao assunto foi colhido pela empresa de consultoria Gartner e afirma que, até 2022, cerca de 70% das interações com o cliente envolverão a mediação de máquinas, como os *chatbots*. Direcionar o atendimento exclusivamente dessa maneira pode gerar um sentimento de abandono da empresa para com seus clientes. Isso significa que o equilíbrio entre o robô e o atendimento real parece ser a melhor solução. Os robôs agilizam o atendimento, enquanto o atendente real resolve problemas específicos e dá um ar de pessoalidade no atendimento aos clientes.

A interação humana é uma das bases do relacionamento com clientes. Empresas que abrem mão dessa interação têm muito a perder, pois ficarão distantes de seus clientes, o que pode resultar em perda de oportunidades e de clientes. Tratar cada cliente como um ser único e especial tende a gerar reputação da marca e lealdade de clientes. Automatizar processos é ótimo, mas não se pode esquecer que o ser humano é um ser social e que aprecia as interações humanas.

A BUSCA POR RELACIONAMENTO EXIGE PESSOALIDADE

O relacionamento com os clientes requer proximidade e pessoalidade. Se relacionar somente a distância não gera a aproximação com os clientes da forma como as empresas desejam. O que, de forma espontânea, tem motivado negócios virtuais a terem operações reais. Quer um exemplo?

Em junho de 2021, o Google inaugurou a sua primeira loja física em Nova York, nos Estados Unidos. Uma das empresas mais conhecidas do mundo, que sempre atuou no ambiente de internet, se materializou para o mundo real. Enquanto muitos acreditam na virtualização total do varejo, a notícia das lojas físicas do Google é surpreendente. Por que uma empresa que sempre atuou no ambiente virtual resolve estabelecer uma operação física? Está fazendo o caminho inverso das tendências de virtualização do varejo?

Parece estranho, mas não é. O Google simplesmente vê aquilo que algumas empresas não enxergam: **dificilmente existirá o varejo 100% digital**. A tendência, na verdade, é o surgimento de operações híbridas, parte virtuais e parte reais.

Um dos benefícios que o Google deve obter com sua operação varejista em ambiente físico é no relacionamento com os clientes. Por mais que o ambiente virtual favoreça os contatos com os clientes, nada substitui a interação pessoal, o meio mais rico para uma empresa se relacionar com os seus clientes.

Isto é, não se pode projetar programas de relacionamento com os clientes somente com ferramentas virtuais, muitas delas apoiadas em inteligência artificial. É preciso privilegiar as interações humanas, presenciais e pessoais. Esse é o verdadeiro diferencial. Há inclusive empresas que estão explorando isso, destacando que seus clientes podem falar com seres humanos sempre que quiserem, enquanto outras obrigam seus clientes a se relacionarem exclusivamente com robôs e sistemas, algo que notadamente não vem agradando a muitas pessoas.

É certo que um dos objetivos do Google com a loja física é desenvolver relacionamentos pessoais com seus clientes, afinal, até 2021, o Google só existiu nas telas de computadores e smartphones. Tangibilizar as relações da empresa com os seus clientes faz evoluir aspectos como comunicação, confiança e segurança. Apesar da forte presença virtual na vida de todos, vive-se mesmo é no mundo real. Esse é o mundo que o Google quer conquistar!

APROFUNDE OS RELACIONAMENTOS: NAMORE SEUS CLIENTES

Quando falamos sobre relacionamentos com clientes, é muito natural fazer algumas associações com os relacionamentos pessoais que temos ao longo da vida. Por exemplo, quando o namoro com alguns clientes resulta em grandes frutos. Os clientes se sentem felizes e contentes em estar nessa relação, assim como a empresa, que também se beneficia com a troca. Este tipo de relação positiva pode ser analogamente semelhante a uma relação de namoro, porque a **confiança** é a base de uma relação pessoal e profissional. Todos devem concordar que é preciso desenvolver uma relação de confiança justamente para que o namoro progrida, prospere, vire um noivado e, possivelmente, um casamento de longos anos até que a morte os separe. Assim como em um matrimônio, a confiança é a mais importante base de sustentação de um relacionamento com os seus clientes.

Mesmo assim, não somente de confiança vive uma relação, seja com uma pessoa, seja com os seus clientes. A **comunicação** também é um elemento importante para que um relacionamento funcione, pois ambas as partes precisam se comunicar de uma forma que o outro lado compreenda. Desenvolva uma comunicação clara, simples, direta e fácil de ser compreendida pelos dois lados, porque a comunicação é como você transmite e recebe as mensagens desse relacionamento.

Um terceiro elemento importante para fazer um relacionamento perenizar é o **cumprimento de promessas**. Fazer promessas enquanto você está namorando é algo corriqueiro, mas elas precisam ser cumpridas. Então, nos seus relacionamentos com os clientes, é claro que fazer promessas e cumpri-las faz grande diferença na prosperidade da relação, fazendo com que ela sobreviva às dificuldades. Cumprir as promessas significa que você realmente está envolvido nessa relação e possui comprometimento com os seus clientes, a fonte principal de receita e faturamento da empresa.

Ainda é preciso **cooperar**. A relação tem que ser ganha-ganha, seja um namoro entre pessoas, seja um namoro com os seus clientes, todos precisam ganhar. Relacionamentos no qual um ganha e outro perde não vão muito longe. Então, a cooperação entre as partes, no qual cada um cumpre o seu papel, torna a parceria uma relação de longo prazo. Se você decide cooperar com os seus clientes, com certeza eles também irão querer cooperar contigo, a não ser que não estejam empenhados no relacionamento. Parte de você buscar a relação, construir o namoro e fazer com que ele se torne um noivado e, por fim, um casamento para a vida toda.

Em resumo, se você pretende ter um relacionamento saudável e positivo — seja com pessoas, seja com clientes — baseie-se em confiança, comunicação, cumprimento de promessas e cooperação. Estes elementos irão fazer com que você conquiste os seus clientes por muito tempo e, por consequência, tenha uma ótima lua de mel!

ULTRAPASSE AS FORMALIDADES: AME SEUS CLIENTES

O relacionamento com os clientes ultrapassa as formalidades de uma relação comercial. Somos seres sociais, gostamos de nos relacionar e relações comerciais profissionais, quando apresentam ganho mútuo, se fortalecem e perenizam. Pode-se dizer que é uma espécie de amor.

Ao traçarmos um paralelo com a vida de um casal, amar os clientes é o sentimento mais profundo que um profissional de marketing e vendas pode alcançar. Mais do que simplesmente visualizar cifrões ao olhar para os clientes, quando o profissional de marketing e vendas melhora a vida dos seus clientes, uma profunda relação se forma. O que torna difícil uma separação!

Programas formais de relacionamento com clientes são muito úteis, mas incluir o amor aos clientes torna as relações únicas e especiais.

Infelizmente, muitos profissionais de marketing e vendas ainda enxergam os clientes como o opositor a ser vencido. Está errado, é a parceria, o comprometimento e o compartilhamento de valores que fazem toda a diferença e que formam as bases para uma relação duradoura.

Por isso, aprenda a amar seus clientes, a fazer a vida deles melhor e a torná-los mais felizes. Tenha certeza que eles irão retribuir com entusiasmo. Muitos profissionais de marketing e vendas ainda não descobriram isso e não sabem o que estão perdendo. Uma relação de amor entre esses profissionais e seus clientes aprofunda as possibilidades de negócios, melhora a comunicação entre as partes e faz os dois lados se sentirem amados.

Um cliente que se sente amado pelo seu fornecedor tem muito a oferecer. Se ele, por exemplo, recebe propostas da concorrência, ele te conta, abre as informações para você, mostra o que a concorrência está fazendo para conquistá-lo. Um cliente assim é uma preciosidade e uma importante fonte de informações de mercado.

Dedique-se com amor a fazer as experiências dos clientes inesquecíveis. Pode ter certeza que eles irão recordar disso ao longo da vida e terão um carinho muito especial por você. Parece ser algo um tanto fora do comum, é verdade, mas a inclusão do amor nos relacionamentos com os clientes é a pitada especial que faz com que o relacionamento dure eternamente.

TORNE SEUS CLIENTES PARCEIROS DO NEGÓCIO E COCRIE COM ELES

Um dos grandes objetivos do relacionamento com os clientes é tornar os clientes verdadeiros parceiros do negócio, porque quando você tem um parceiro, você tem um cliente que também está contribuindo com a empresa. E esse é um ponto interessante, porque muitos ainda enxergam o cliente como o oposto do negócio, quando na verdade ele tem que andar lado a lado com o negócio.

Se por um lado existe a necessidade do cliente em comprar de você, por outro existe a sua necessidade de ter clientes para você pagar as suas contas. Então, é preciso fazer dessa relação uma verdadeira parceria. Quando os clientes são seus parceiros, eles participam de forma ativa, resultando em opiniões, recomendações e sugestões. Este é o princípio da **cocriação de valor**.

Ou seja, o valor de um produto ou de um serviço é proposto pela empresa, mas quem cria valor daquilo que você vende são os próprios clientes. Quando for criar laços de parceria com os seus clientes, reconheça qual é o valor que eles atribuem aos seus produtos e serviços no uso dos mesmos. Você pode melhorar as suas propostas de valor a partir do momento que sabe o que o cliente faz com o produto ou serviço, como ele se beneficia e o que ganha com isso.

Portanto, sempre converse com os seus clientes! Quando você reconhecer algum cliente disposto a fazer uma parceria, traga ele para dentro do negócio e aprofunde esses laços. Mantenha contato frequente e faça com que ele participe efetivamente, porque ele ajudará a cocriar valor. Nesse sentido, faça pesquisas constantes com os clientes, especialmente aqueles que demonstram abertura para isso, assim você irá reconhecer exatamente a utilidade dos seus produtos e serviços no mercado.

A partir do momento que você obtém esse tipo de informação, fica muito mais fácil captar novos clientes, por exemplo. Fica mais fácil observar outros mercados que você pode alcançar e os argumentos de venda dos seus produtos e serviços melhoram. A realização de parcerias é fundamental para que você aprenda mais sobre aquilo que vende e irá te ajudar a melhorar a qualidade da sua venda, os argumentos de venda e obviamente alcançar mais mercado.

Neste assunto, há casos que já são clássicos. A Lego, por exemplo, possui uma plataforma que permite que seus clientes proponham novos produtos para serem oferecidos ao mercado. Já a Nike criou uma comunidade virtual para que seus usuários compartilhem experiências na prática de corrida. A Fiat vem colhendo ideias de seus clientes para desenvolver seus automóveis e a Starbucks faz o mesmo no setor de cafés especiais.

Veja, ao oferecer aos clientes a oportunidade de expor suas sugestões, muito se ganha, pois o real valor de um produto ou serviço é proveniente do utilizador, o que se costuma chamar de valor em uso. Ao abrir as portas da empresa para seus clientes, o relacionamento é facilitado, construindo-se parcerias sólidas.

Quando refletimos sobre os efeitos da pandemia no comércio e nos comportamentos de consumo, é possível perceber uma oportunidade de aproximação dos clientes, especialmente para as empresas que pouco atuam no ambiente virtual. Como o consumidor de modo geral se virtualizou, ficou mais fácil desenvolver meios de conectar as empresas aos seus clientes.

Certamente, quem apostou nisso durante a pandemia obteve um diferencial, já que muitos dos relacionamentos foram abalados, mas para quem fez questão de ter o cliente como parceiro, o sofrimento foi muito menor. Empresas que valorizam e praticam tornar os clientes parceiros do negócio sempre fez diferença, especialmente durante tempos difíceis, como a pandemia da Covid-19.

AVALIE O SEU ATUAL RELACIONAMENTO COM OS CLIENTES

Antes de elaborar um programa de relacionamento com clientes, é preciso saber qual é a atual situação da empresa. Você constantemente avalia como está o seu relacionamento com os clientes? Se sim, muito bom! Você está fazendo algo que poucas empresas fazem e está pronto para elaborar um bom programa de relacionamento com os seus clientes. Não ainda? Está na hora de começar!

Avaliar sistematicamente o relacionamento com os clientes é uma das mais ricas fontes de informação para tomar decisões de mercado. É importante lembrar que clientes frequentes, que estão satisfeitos, tendem a ser muito leais, comprando com frequência e recomendando a empresa para outros. Este é o ativo mais importante da empresa.

Para fazer avaliações do estado atual do relacionamento da sua empresa com os clientes, seguem algumas dicas:

- ✕ Avalie sua base de clientes: faça uma análise aprofundada dos registros que possui sobre os clientes da sua empresa. O importante é descobrir as características dos seus clientes, bem como identificar os clientes mais importantes.
- ✕ Observe falhas na base de clientes: verifique informações que deveriam ter e não constam na base de clientes. Feito isso, desenvolva um plano para obter as informações faltantes, pois tudo que se refere aos seus clientes é importante e quanto mais conhecê-los, melhor será seu programa de relacionamento com os clientes.
- ✕ Faça contatos e chame os clientes para conversar: convide os clientes para uma conversa. Deixe claro que o objetivo é colher informações sobre as relações dele com a empresa e que não se pretende vender nada. Atenção, essa é a principal fonte de resistência quando a empresa chama os clientes para conversar.

- ✗ Quando há muitos clientes, faça uma pesquisa direcionada: empresas com grandes bases de clientes terão muita dificuldade de conversar com todos. Neste caso, a conversa é com alguns e, para os demais, faça uma pesquisa para avaliar o relacionamento que a empresa realiza com cada cliente.
- ✗ Use os canais preferidos pelos clientes: identifique quais canais de comunicação são os preferidos dos clientes e faça a pesquisa utilizando-os. Esse cuidado facilita bastante o recebimento de feedbacks dos clientes.
- ✗ Após coletar as informações, analise-as com cuidado: as informações obtidas juntos aos clientes devem ser analisadas com cuidado. Se exigir algumas respostas, faça o devido retorno, mas esse não é o objetivo. A avaliação do relacionamento com os clientes não é para a empresa se defender, mas sim para capturar informações decisivas para a condução do negócio.
- ✗ Programe avaliações sistemáticas: a avaliação do relacionamento com os clientes não é uma atividade pontual, mas deve ser frequente e fazer parte do planejamento de marketing e vendas da empresa, visto que é uma fonte de informações das mais relevantes.

Ao avaliar o estado atual do seu relacionamento com os clientes, você terá uma boa base para desenvolver seu programa de relacionamento. Não esqueça que a pandemia mudou a forma dos clientes agirem, então é preciso fazer a avaliação sugerida o quanto antes para, em seguida, planejar um programa atualizado de relacionamento com os seus clientes.

DESENVOLVENDO PROGRAMAS DE RELACIONAMENTOS COM CLIENTES

O relacionamento com clientes não deve ser algo informal ou realizado de forma tácita pelos profissionais da empresa. Ao contrário, para estabelecer bons relacionamentos com clientes, uma empresa deve investir em planejamento, instituindo programas formais de relacionamento com os seus clientes, com objetivos e monitoramento frequente. Considerando o pós-pandemia, esse parece um bom momento para iniciar um programa de relacionamento com os cliente, afinal muita coisa mudou, mas como fazer isso?

Desenvolver programas personalizados e formatados para as características dos clientes e da própria empresa ampliam as chances de efetividade do programa. Para a construção de bons programas de relacionamento com clientes, sugere-se:

× Estabeleça objetivos de relacionamento, não simplesmente metas de vendas. O que interessa é retenção e lealdade de clientes, por isso, programas que só objetivam vendas tendem a ser ineficazes.

× Desenvolva métodos e/ou plataformas que permitam conhecer os clientes em profundidade, não somente com dados demográficos, mas principalmente dados comportamentais.

× Direcione recursos financeiros, físicos e materiais para que o programa seja efetivo. Não espere resultados de curto prazo, pois programas de relacionamento com clientes focam no longo prazo.

× Programe contatos periódicos com os clientes para que eles se sintam parte da empresa. Atenção, o foco não deve ser nas vendas, mas sim no relacionamento! Durante os contatos, registre todas as informações.

× Ofereça benefícios aos clientes para participar do relacionamento — benefícios não necessariamente financeiros. Seja criativo e reconheça o que realmente importa aos seus clientes. Por vezes, dar atenção e escutar os clientes são benefícios muito valorizados, mesmo que subestimados pelas empresas.

× Faça avaliações constantes dos resultados do relacionamento com os clientes. Busque monitorar especialmente novas compras e indicações de potenciais novos clientes.

Estas dicas servem para orientar a estrutura de um programa de relacionamento com clientes, que deve ser personalizado conforme as características de cada empresa. Lembre-se que uma plataforma padronizada de gestão de relacionamento com clientes (CRM) pode não considerar os aspectos únicos de cada organização.

QUANDO O RELACIONAMENTO NÃO VAI BEM: "RECLAME AQUI"

Entre as boas ideias que surgiram no mercado, o site Reclame Aqui tem feito sucesso. É muito importante os consumidores possuírem um canal independente para revelar as suas más experiências com seus fornecedores. É útil tanto para os consumidores reclamantes, quanto para todos os consumidores que querem saber com quem estão prestes a se relacionar.

Os números e indicadores do Reclame Aqui tendem a mostrar a qualidade do relacionamento com clientes e da gestão de reclamações de uma empresa. Não existe perfeição e, por isso, problemas acontecem. Todos sabemos disso. A questão principal é: como as empresas lidam com os problemas que eventualmente ocorrem? Algumas lidam muito bem, outras nem tanto.

Rankings como os do Reclame Aqui servem para consumidores observarem o cuidado que as empresas têm com os seus clientes. Percebe-se claramente uma disposição de diversas empresas em responder às reclamações dos clientes, tentando tratar isso da melhor forma possível — mesmo quando o cliente não tem razão. Por outro lado, observa-se um bom número de empresas que simplesmente ignoram as reclamações postadas no site. A mensagem que passa é que tais empresas não dão a mínima para os clientes, nem os que reclamam, nem os demais.

Cabe destacar que não se discute aqui quem está com a razão, pois algumas pessoas tentam se aproveitar desses canais para obter algum benefício pessoal. Independente disso, responder a reclamações serve não somente para o cliente reclamante, mas também para todos aqueles que consultam o Reclame Aqui para conhecer seus fornecedores.

Fica a recomendação para os profissionais de marketing e vendas: demonstre a qualidade do relacionamento que a empresa tem com os seus clientes, o que está relacionado a fornecer respostas assertivas e adequadas em situações de reclamações. Saiba que um cliente que teve um problema que foi resolvido com excelência se torna um grande divulgador da empresa. Clientes assim é o que todos querem!

UM ALERTA: RELACIONAMENTO SÓ POR INTERESSE NÃO FUNCIONA!

É interessante observar que existem variadas ações que conquistam os clientes pela demonstração sincera da empresa em estimular a proximidade e o cuidado com os seus clientes. O que é muito efetivo por parte dos profissionais de marketing e vendas, mas ainda existem tentativas de relacionamento que resultam na insatisfação dos clientes, justamente porque as supostas tentativas são, na verdade, tentativas de novas vendas. É o famoso relacionamento por interesse.

O problema é que relacionamento por interesse não funciona. A empresa só se dispõe a se relacionar com os clientes quando tem interesse em vender algo mais para os seus clientes. Não há um interesse genuíno pelo cliente. Ao fazer uma analogia com um casal, percebe-se que se uma das partes só trata bem, agrada e dá atenção quando tem algum interesse, com certeza essa relação não vai longe.

No relacionamento da empresa com os seus clientes é o mesmo. Os clientes se aborrecem e pensam: **só lembram de mim quando querem que eu compre mais!** Esse é o primeiro passo para desfazer o relacionamento. O problema é que muitas empresas agem dessa forma.

Especialmente para os clientes mais próximos, por vezes os profissionais de marketing e vendas abusam da amizade. Aproveitando desse relacionamento, muitas vezes forçam negócios não muito bons para seus clientes-amigos para simplesmente cumprir metas. Escuto: "Ele é meu amigo, então dá para pedir uma força". Isso é um grande erro, porque profissionais que forçam a amizade podem ficar sem amigo nenhum.

Portanto, tenha interesse genuíno pelos seus clientes. Não lembre deles só quando quiser fechar vendas ou alcançar metas. Os clientes sabem quando o relacionamento não é verdadeiro. Então, faça contatos com os clientes para saber como eles estão, se estão satisfeitos com os produtos/serviços que compraram, se precisam de alguma ajuda ou se há algo que a empresa pode fazer por eles.

Preserve seus clientes-amigos! Eles devem ter preferência em todas as boas possibilidades de negócios e devem receber toda a atenção e benefícios que o profissional de marketing e vendas possa oferecer. Vejo isso algumas vezes: ele já é meu cliente, é meu amigo, então não preciso me esforçar muito. Lamentável!

Em resumo, focalize seus esforços em se relacionar positivamente com os seus clientes. É um casamento. Se for só por interesse, ele não irá durar. Tenha seus clientes como amigos ou parceiros e dê voz a eles. Um casamento funciona bem quando há confiança, comprometimento, cooperação, boa comunicação, compartilhamento de valores e cumprimento de promessas. Pense nisso e veja as relações com os seus clientes como um casamento. Torne-o perfeito!

É preciso lembrar sempre que seus clientes são seu principal ativo. Então lembre-se sempre deles e não só quando precisar. Construa relacionamentos duradouros que permitam um ganho mútuo, afinal, se for só por interesse, a relação acaba logo.

7 DESCUBRA POR QUE SEUS CLIENTES COMPRAM DE VOCÊ

Um dos termos mais usados por profissionais do mercado, incluindo os de marketing e vendas, é vantagem competitiva. É normal tais profissionais elencarem rapidamente as vantagens competitivas de seus negócios, de sua empresa, seus produtos, serviços e marcas. Basta perguntar a um profissional que ele de imediato irá mencionar uma ou mais vantagens.

Mas, será mesmo que os profissionais e suas empresas conhecem as reais vantagens competitivas de seus negócios? Esta é a pergunta chave para este capítulo.

Muitas vezes, falar em vantagens competitivas é falar de benefícios oferecidos por produtos e serviços, mas muitos esquecem de quem realmente reconhece as vantagens de algo: o cliente. Você já perguntou a seus clientes por que eles compram de você? Não são tantas empresas assim que fazem esse tipo de pergunta aos seus clientes e **muitas comentem o maior pecado de todos: supor os motivos dos clientes comprarem da empresa.**

Qual é a relação entre os motivos dos clientes comprarem da sua empresa e as vantagens competitivas da própria empresa? Os motivos dos clientes comprarem um produto ou serviço de uma empresa são *exatamente* as vantagens competitivas da empresa! Pouco adianta oferecer um benefício aos clientes cujos os próprios clientes não enxergam como benefício, ou mesmo se tal benefício não é determinante para ele escolher pelo produto/serviço da empresa.

Por isso, **a vantagem competitiva está nos olhos do cliente e não da empresa.** Este é o assunto principal que será abordado neste capítulo, além de técnicas e meios de observar as motivações dos clientes em comprar os produtos ou serviços de uma empresa, elemento central da competitividade das empresas.

A COMPETITIVIDADE DE EMPRESAS NO MERCADO

Um dos assuntos que vem mobilizando as atenções dos gestores de empresas, especialmente os profissionais de marketing e vendas, é a competitividade das empresas no mercado. Tendo por base suas vantagens competitivas, uma empresa, ao disputar mercado com seus concorrentes, revela suas forças e suas capacidades de competir, o que está diretamente relacionado às percepções de oportunidades por profissionais de marketing e vendas.

De acordo com os relatórios do *Global Entrepreneurship Monitor*, boa parte dos empreendimentos nasce a partir da percepção de oportunidades no mercado. No relatório de 2019, ainda antes da pandemia, as percepções de oportunidades representavam cerca de 50% dos novos empreendimentos. Agora, já pensando no pós-pandemia, as oportunidades prometem ser em grande quantidade.

Assim sendo, ter gestores capazes de observar oportunidades é uma das principais fontes de competitividade das empresas. O problema é que encontrar oportunidades não é fácil. Se fosse fácil de enxergar, todos as veriam. Cabe aos gestores de marketing e vendas com competências de visão de mercado encontrar as oportunidades que se apresentam quase que escondidas.

Ao observar oportunidades, desenvolve-se formas de atender as demandas identificadas, com ofertas de produtos e/ou serviços. O atendimento com excelência tende a gerar vantagens competitivas para a empresa, representando sua competitividade no mercado. Afinal, ser competitivo é ser capaz de atrair e reter clientes de modo igual ou superior aos concorrentes.

Desenvolver capacidades e habilidades em reconhecer oportunidades e ver mercados não é fácil. É preciso desenvolver competências analíticas e de reflexão. Tenha em mente que a percepção de oportunidades é fonte geradora de vantagens competitivas, o que resulta em competitividade para as empresas.

OS DESAFIOS DA COMPETITIVIDADE

Lembre-se: descobrir por que os clientes são os seus clientes e o que faz eles comprarem de você é a sua vantagem competitiva. E a vantagem competitiva é um princípio da competitividade, ou seja, você consegue vencer os seus concorrentes a partir do momento que você possui algum tipo de vantagem que faz com que os clientes optem pelo seu produto em detrimento dos demais.

O profissional de marketing e vendas costuma pensar:

— Vou estabelecer uma vantagem competitiva!

Mas **a vantagem competitiva depende dos clientes, não depende de você**. O que é possível fazer é propor vantagens competitivas, ou seja, propor motivos ou motivações para que o cliente compre da empresa e deixe de lado os produtos dos concorrentes.

Então, o primeiro desafio é justamente identificar e descobrir por que os clientes compram da empresa. Por isso, as pesquisas realizadas junto aos clientes precisam ser muito mais profundas e amplas para que seja possível extrair o real motivo dele comprar de uma empresa/marca em detrimento de outras opções.

Outro desafio é conseguir uma vantagem competitiva que possa ser sustentada ao longo do tempo. Sustentar a sua vantagem, muitas vezes, é difícil e estimula o profissional a fazer, sistematicamente, a busca por novas vantagens. Não se pode ficar simplesmente aceitando que aquela vantagem será eterna. Nada é para sempre.

O terceiro desafio está nos concorrentes, já que eles também estão buscando as suas vantagens para fazer ofertas atraentes para os clientes deles. Então, é preciso observar que tipo de vantagens eles estão desenvolvendo. Se, eventualmente, eles desenvolverem uma vantagem nova e boa, não há nada de mal observar e talvez fazer algo parecido. Ao acompanhar os outros competidores é possível reagir ou proativamente agir em favor da sua operação, mantendo os seus clientes e, possivelmente, conquistando clientes dos concorrentes.

O último desafio é acompanhar o mercado. Afinal de contas, o mercado muda constantemente. Portanto, acompanhe o mercado e observe a evolução e as mudanças que acontecem na sociedade, que se refletem efetivamente nos seus clientes.

SAIBA AS VANTAGENS COMPETITIVAS
DOS SEUS CONCORRENTES

Não olhe somente para a sua empresa, é preciso olhar também para os concorrentes, porque se eles possuem clientes, eles também possuem as suas vantagens competitivas. Por isso, pesquise os clientes dos seus concorrentes!

Tentar compreender por que os clientes dos seus concorrentes compram dele e não de você, irá ajudá-lo a melhorar a sua competitividade. Por exemplo, quando um concorrente apresenta um grande desempenho — ou seja, capta e retém muitos clientes — é importante conhecer o que ele tem de especial para que os clientes se interessem e o procurem. Mas não suponha nada! É para fazer pesquisa mesmo. Pode-se realizar uma pesquisa mais formal, mas também através de pesquisas informais e conversas com clientes de concorrentes.

Uma das bases da competitividade de uma empresa é justamente saber quem são os outros competidores e por que e como eles competem. Então, se você tem, por exemplo, um concorrente que tem sido referência no mercado, por que não conhecê-lo mais profundamente e talvez até adotar produtos e serviços que ele produz e comercializa? Não há nada de errado nisso. Pelo contrário, é um sinônimo de competitividade.

E lembre-se: nunca adivinhe as vantagens competitivas, mas pergunte-as. É justamente nessa troca com os clientes que você terá um conjunto de informações relevantes que irão dizer as suas forças e fraquezas comparadas com os seus concorrentes. Logo, se você tiver certeza dos motivos dos clientes serem clientes dos seus concorrentes, você poderá montar um bom plano de ação para atrair esses clientes e trazê-los para você!

DESCOBRINDO AS SUAS VANTAGENS COMPETITIVAS

O segredo das suas vantagens competitivas é justamente descobrir o que motiva o cliente a comprar seus produtos e serviços. Por mais incrível que possa parecer, muitos profissionais de marketing e vendas não sabem ao certo tais motivações. Eles julgam ou supõem, sem desenvolver um processo planejado para descobrir as motivações do cliente comprar os produtos e/ou serviços da empresa.

Aqui é apresentado um passo a passo para lhe ajudar a reconhecer as suas vantagens competitivas:

✗ Passo 1 – Caracterize seus clientes, isto é, conheça quem compra de você.

✗ Passo 2 – Estude as características de seus clientes, como: comportamentos, personalidades e estilos de vida. Você precisa conhecer profundamente os seus clientes.

✗ Passo 3 – Descreva detalhadamente a jornada de seus clientes, desde o pré-compra, à compra e o pós-compra.

✗ Passo 4 – Faça pesquisa junto aos clientes, na busca por identificar as atitudes deles frente aos seus produtos e serviços, além das motivações para as escolhas do que comprar e as decisões que toma.

✗ Passo 5 – Complemente sua pesquisa fazendo observações no ponto de venda ou no ato da venda. Fique atento ao que cada cliente fala, faz e como se comporta.

✗ Passo 6 – Procure os fatores determinantes de compra, isto é, os motivos da escolha por um produto e/ou serviço.

✗ Passo 7 – Ao identificar o que determina a compra, faça um programa de marketing e vendas para destacar os fatores determinantes de compra, o que resulta em suas vantagens competitivas.

DICAS PARA AUMENTAR A COMPETITIVIDADE DA EMPRESA

A competitividade também pode ser vista sob um aspecto interno: custos reduzidos, processos operacionais eficientes, estrutura organizacional eficaz e desenvolvimento de inovações, para citar alguns. Porém, o aspecto principal que envolve a competitividade das empresas é o seu ambiente externo.

Uma coisa é certa: se a empresa está no mercado, ela possui algum nível de competitividade. Resta saber se é altamente competitiva ou não. Ser competitivo é estar preparado para enfrentar os concorrentes e conquistar e reter clientes e esta é uma tarefa do profissional de marketing e vendas. Porém, muitas empresas possuem dificuldades de reconhecer o seu nível de competitividade. Por isso, seguem algumas dicas para você observar o nível de competitividade da sua empresa, bem como, ampliar sua competitividade frente aos concorrentes:

✗ Fale diretamente com os seus clientes para conhecer as suas vantagens competitivas.

- ✕ Identifique a força da sua marca no mercado, pois a marca é fonte de vantagem competitiva.
- ✕ Tenha uma equipe competente em todas as áreas da empresa, afinal a competitividade depende das pessoas.
- ✕ Lembre-se que o relacionamento com clientes tem se mostrado como um fundamento básico da competitividade das empresas.
- ✕ Explore suas vantagens competitivas reconhecidas pelos atuais clientes para captar novos clientes.
- ✕ Todo seu esforço de comunicação deve ser para destacar e reforçar suas vantagens competitivas.

DICAS PARA ADQUIRIR DIFERENCIAIS COMPETITIVOS

Um dos mais importantes elementos para uma empresa é possuir um diferencial competitivo, o que representa o meio de atração e retenção dos clientes. Para uma empresa ter sucesso, ela precisa de um diferencial competitivo.

Tal diferencial pode assumir diferentes formas: uma característica do produto/serviço, um design de embalagem, a disponibilidade do produto/serviço, a localização dos pontos de vendas e muito mais. É a partir desse diferencial competitivo que as empresas se tornarão únicas e conhecidas pelo mercado.

Sem diferenciais, a empresa irá brigar por preços mais baixos, pois é só mais um competidor no mercado, já que não há atrativos. Por isso, sugere-se que você:

- ✕ Identifique tendências, proponha novidades e valide com o mercado.
- ✕ Observe seus concorrentes e identifique lacunas no atendimento às demandas dos clientes.
- ✕ Faça testes de mercado com novidades antes de lançar novos produtos/serviços de modo generalizado.
- ✕ Olhe para outros segmentos de mercado e inspire-se neles para desenvolver novidades.
- ✕ Aproveite as experiências e competências de sua equipe, pois esta é uma importante fonte de diferencial competitivo.
- ✕ Desenvolva suas marcas profissionalmente, pois elas carregam o diferencial competitivo em sua essência.

COMO NÃO FAZER POSICIONAMENTO DE PRODUTOS, SERVIÇOS E MARCAS

Em primeiro lugar, é preciso lembrar que posicionamento refere-se à forma que um produto/serviço/marca é visto pelos clientes. Como você quer ser lembrado pelos seus clientes, tanto os atuais, quanto os potenciais? Como você quer ser visto pelo mercado? As respostas às perguntas representam o posicionamento pretendido.

No entanto, acontecem variados erros ao posicionar produtos, serviços e marcas. Destaca-se aqui os mais comuns:

- ✗ Lançar produtos/serviços no mercado sem definir antecipadamente o público-alvo: erro comum, mas que mostra que o profissional de marketing e vendas só olha para o que tem a oferecer, esquecendo-se do principal, quem vai comprar. Lançar produtos no mercado esperando que qualquer um os compre é um erro que geralmente resulta no fracasso do novo produto ou serviço. Primeiro, é preciso definir o cliente do produto/serviço para ajustar a oferta para os clientes certos, posicionando o produto/serviço corretamente.

- ✗ Pensar na marca somente como um aspecto visual: uma marca é uma fonte de vantagem competitiva sustentável e seu desenvolvimento requer a escolha de uma estratégia de posicionamento de marca, além de uma identidade visual e verbal. A marca não é somente um logotipo, é muito mais, visto que ela representa expectativas e promessas aos clientes e precisa estar em harmonia com o posicionamento previamente escolhido.

- ✗ Prometer qualidade com preços baixos: erro clássico de entrada no mercado, já que preços baixos nunca representam qualidade, mesmo que o produto ou serviço seja de alto nível. É preciso ter em mente que posicionar o produto/serviço com preços baixos significa reduzir a qualidade dos mesmos na visão dos clientes. Se pretende-se vender qualidade, é preciso ter preços coerentes com a estratégia.

- ✗ Escolher pontos de vendas que não combinam com o público-alvo dos produtos/serviços: não dá para vender seus produtos/serviços em quaisquer pontos de vendas. É preciso pensar como alcançar os clientes pretendidos com o posicionamento escolhido e isso significa encontrar as formas de vender adequadas ao seu público-alvo.

- ✗ Fazer comunicação sem ter um plano de comunicação: simplesmente comunicar produtos, serviços e marcas sem um plano de alcance do público-alvo é jogar dinheiro fora. Se seu público não lê folhetos entregues em sinais de trânsito ou e-mails marketing, fazer esse tipo de comunicação, mesmo que barata, é desperdiçar recursos, além de prejudicar a imagem da marca. Faça uma comunicação coerente com o posicionamento pretendido.

✗ Supor suas vantagens competitivas: outro erro clássico, muitos profissionais de marketing e vendas fazem suposições sobre suas vantagens competitivas, sem consultar os clientes. Não é possível adivinhar as vantagens competitivas, é preciso descobrir junto aos clientes porque eles são seus clientes e como veem seus produtos, serviços e marcas.

✗ Desconhecer quem são seus clientes: este erro também é muito comum, especialmente em *startups*, onde tenta-se vender para qualquer um, sem foco. Além de desperdiçar recursos, é uma forma de prejudicar a imagem da marca, visto que os reais interessados (potenciais clientes) não serão tratados de forma distinta dos demais. Lembre-se, esse é o primeiro passo para o sucesso de uma marca e os produtos e serviços associados a ela.

> Vantagem competitiva sustentável: se refere a ter uma vantagem competitiva que não pode ser copiada pelos concorrentes, como marca ou equipe. São elementos únicos da empresa e seus produtos e serviços! Vale lembrar que apesar do termo "sustentável", nada tem a ver com sustentabilidade.

COMPETIÇÃO PÓS-PANDEMIA?

Um dos indicadores da competitividade de uma empresa é a sua capacidade de vencer os desafios impostos pelo mercado. Muitas vezes, acontecem situações de mercado que prejudicam seriamente os negócios de determinadas empresas. As não competitivas tendem a desaparecer. Já as competitivas se ajustam à nova realidade.

Essa equação não se portou de forma diferente durante a pandemia. Empresas que viviam de atender ao público se viram, de uma hora para outra, praticamente sem clientes. Setores de alimentação fora do lar, turismo, eventos e muitos outros serviços sofreram os impactos da pandemia, especialmente com o isolamento social e o *home office*. Nessa situação nova para todos, muitas empresas deixaram de operar.

E não foram somente as pequenas empresas que sofreram com a pandemia. Há múltiplos exemplos de grandes empresas que fecharam ou entraram em processos de recuperação judicial. Empresas do setor aéreo, como Latam e Avianca, do setor de entretenimento, com o Cirque du Soleil, de transportes, com a Hertz, e de varejo, como a J. C.

Penney. A situação dessas empresas possui origem em motivos variados, como a alta dependência por um único produto ou serviço, fraca presença na internet, entre outras.

Mas algumas empresas viram na pandemia oportunidades de negócios, mudando a sua operação — seus produtos e serviços — e vencendo os desafios impostos pela pandemia. Isso é reflexo da capacidade competitiva dessas empresas sobreviventes. Há diversos exemplos, como: uma empresa de iluminação que criou um produto baseado em raios ultravioleta para esterilizar o ar e matar o vírus da Covid-19; uma empresa de alimentação que atendia empresas se ajustou para atender as pessoas em suas casas; e até uma empresa de consertos residenciais que mudou seu serviço para a limpeza de ambientes contra o vírus.

Esses são só alguns exemplos de empresas que, ou mudam, ou fecham. Esses negócios decidiram mudar, revelando sua alta capacidade de competir, um esforço que vem especialmente do profissional de marketing e vendas, o responsável por encontrar novas oportunidades, especialmente em momentos de dificuldade.

Agora, enfrenta-se uma nova realidade, o pós-pandemia. Será que o atual profissional de marketing e vendas está preparado para isso? A competitividade das empresas depende disso. É preciso o quanto antes traçar cenários do pós-pandemia e estar atento às novas variantes. Nestes momentos, são necessários profissionais competentes e com visão de mercado.

FALTA DE VANTAGENS COMPETITIVAS: PRODUTOS QUE FRACASSARAM

Por que produtos e serviços fracassam quando adentram o mercado? Entre diversos possíveis motivos, pode-se apontar um: o típico erro baseado em suposições sobre o que os clientes demandam.

Um exemplo foi o Google Glass. Lançado com estardalhaço, foi um fracasso. As pessoas simplesmente não compraram por variadas razões, como: as tecnologias vestíveis requerem discrição, o produto era estranho às pessoas, outras ficavam com receio de estarem sendo filmadas, só para citar alguns. Esse produto singular mostra um pouco como uma tendência requer validação junto ao mercado. É preciso investigar em profundidade os clientes para evitar fracassos como esse, buscando pesquisar e validar preços, valor, benefícios esperados, entre outros. Ou seja, encontrar a vantagem competitiva da novidade proposta.

Portanto, o profissional de marketing e vendas deve descobrir não somente porque os clientes compram os produtos e serviços da empresa, mas também descobrir porque os clientes não compram. O que os impede? O que há de errado, na visão deles, com seus produtos e serviços? Podem existir muitos motivos.

Por exemplo, quando o McDonald's lançou pizzas ou a Colgate lançou comidas congeladas, parece ser muito visível que isso não daria certo. Pessoas que frequentam o McDonald's não demandavam pizzas, parece até fácil de ver. A Colgate, como marca forte em higiene pessoal, não combina com comidas congeladas.

Foi natural a resistência dos clientes, que estranharam o uso das famosas marcas para ofertar produtos que nada tinham a ver com o seu posicionamento. Ou seja, deve-se saber mais do que simplesmente os motivos que levam os clientes a comprar de uma empresa. É preciso também descobrir o que eles não comprariam e o que eles percebem como algo que não combina com a marca.

BONS EXEMPLOS: EMPRESAS DE SUCESSO

Agora, por outro lado, vamos falar de sucesso! Geralmente, empresas de sucesso possuem algo em comum entre elas: sua capacidade de ler o mercado e focalizar sua atuação no atendimento de demandas de clientes, sejam consumidores e/ou empresas. Compreender o que os clientes precisam e esperam é uma característica usual em empresas de sucesso.

Observar tendências e prováveis cenários futuros tende a ser uma atividade relevante dos profissionais de marketing e vendas. Não é tarefa fácil adivinhar o futuro, porém, é preciso. Recolher informações e ter o conhecimento para as interpretar são ações que precisam fazer parte do dia a dia dos profissionais de marketing e vendas.

Se você olhar para as empresas de sucesso da atualidade, verá que muito do sucesso é baseado em reconhecer um mercado futuro para algum produto ou serviço. Por exemplo, o Facebook, ainda uma importante referência em redes sociais, observou a tendência de virtualização das sociedade e de modo sábio explorou a plataforma como uma mídia digital. Hoje, fazer mídia digital passa necessariamente pelas redes sociais e abriu caminho para outras plataformas, como Instagram, LinkedIn e Twitter.

Porém, uma má notícia: enxergar o futuro não é fácil. As pessoas não possuem a capacidade de declarar suas demandas mais latentes e, por isso, estas informações precisam ser extraídas pelos profissionais de marketing e vendas. Veja o caso da Tesla, que se focou no desafio de desenvolver carros elétricos apesar dos muitos fracassos anteriores de outros que a antecederam. A tendência de cuidados com a natureza associada a menos custos para o consumidor é o que alimenta o sucesso da Tesla.

Para observar o futuro, imaginar como ele será e criar produtos e serviços que atendam demandas futuras requer competências analíticas dos profissionais de marketing e vendas. A competitividade da empresa depende de tal capacidade. Por exemplo, a Apple, em virtude da capacidade visionária de Steve Jobs, tornou- se a maior empresa do mundo e isso deve-se à sua competência em olhar o futuro. Outro exemplo refere-se às *fintechs*, os bancos virtuais. Quem imaginaria tal demanda? Só quem realmente consegue ler cenários e interpretar as informações passadas e atuais, um requisito essencial para profissionais de marketing e vendas!

O futuro pós-pandemia ainda é carregado de incertezas. Quando imagina-se que está acabando, surgem novas ondas e novas variantes. Só que isso não pode significar não tentar olhar o futuro. Quem souber interpretar as informações tenderá a encontrar caminhos favoráveis. Portanto, vale a tentativa, é melhor ter uma visão de futuro, mesmo que incerta, do que simplesmente esperar pelos próximos acontecimentos. Apesar da insegurança do próprio fim da pandemia e do início do pós-pandemia, é preciso traçar planos que considerem as várias possibilidades.

EM BUSCA DA VANTAGEM COMPETITIVA

Como descrito ao longo do capítulo, é importante que uma empresa conheça em profundidade as suas vantagens competitivas, já que elas são o principal motivo para que uma empresa conquiste e mantenha os seus clientes. Porém, muitas empresas ainda insistem em supor as motivações dos clientes. É um erro básico, porém muito comum.

E isso pode ter um motivo: a falta de competência em pesquisa. Não são poucos os profissionais de marketing e vendas que não possuem os conhecimentos necessários para fazer pesquisa, mas é um erro que pode ser evitado. Ainda que seja necessário um esforço para aprender a fazer pesquisa e saber como falar com os clientes, as competências podem ser adquiridas sem grandes dificuldades. Invista nisso e você sentirá diferença na hora de tomar decisões!

FAÇA PESQUISA COM CLIENTES, DE MERCADO, DE CONCORRENTES

No campo de marketing e vendas, tomar decisões e fazer escolhas sem respaldo é algo arriscado. É preciso conhecer a realidade antes de decidir por uma estratégia de mercado, um lançamento de produto ou serviço, uma nova forma de comunicação ou uma adoção de canais de vendas, por exemplo. Por isso, fazer pesquisa é um elemento primordial para a tomada de decisão gerencial e componente fundamental no novo normal.

Hoje, existem muitas ferramentas que permitem fazer pesquisa, logo, é importante que os profissionais de marketing e vendas aprendam a pesquisar, conheçam as variadas técnicas e identifiquem essa habilidade como um requisito básico da profissão.

No momento em que nos encontramos, uma das pesquisas de marketing mais necessárias é relacionada ao comportamento dos consumidores pós-vacina. Quais são as expectativas dos consumidores após receberem a vacina? Será que os consumidores mudaram? Há uma perspectiva de consumo diferente? Como será o mercado após a vacina?

É de se esperar que o comportamento dos consumidores seja alterado, mas será que mudará tanto assim para confirmar a expectativa do novo normal? Só uma pesquisa para responder esta questão. O certo é que pouco se sabe como será o mercado quando a maior parte das pessoas estiverem completamente vacinadas e livres das restrições impostas pela pandemia.

Em mercados mais desenvolvidos, e por consequência com maiores índices de vacinação, grandes empresas de pesquisa já vêm observando o comportamento dos consumidores, como a McKinsey. Esta empresa de consultoria estima um aumento da confiança do consumidor, o que gera mais probabilidades de consumo. Em paralelo, a McKinsey também aponta algumas mudanças no consumo, como: maior procura pelo *e-commerce* de alimentos, redução do entretenimento ao vivo, maiores cuidados com a casa — como academias domésticas, quintais, jardins e jogos —, redução de viagens a lazer utilizando aviões, além do aumento do aprendizado remoto e da telemedicina. Algumas dessas mudanças tendem a ser temporárias — como as viagens de avião —, outras permanentes — como os cuidados com a casa.

Esses resultados da pesquisa são provenientes, principalmente, de mercados maduros. A questão é: será que em mercados emergentes, como o brasileiro, essas mudanças também ocorrerão? Só aplicando pesquisas e interpretando os resultados para sabermos, pois é reconhecido que mercados emergentes possuem comportamentos de consumo diferentes de mercados desenvolvidos. Ou seja, o que acontece nos países desenvolvidos não necessariamente vale para mercados emergentes.

A pesquisa que deve estar entre as prioridades dos profissionais de marketing e vendas, portanto, está relacionada ao novo comportamento dos consumidores em uma situação pós-vacina. É preciso saber o que mudou para que as empresas possam tomar as decisões de mercado mais assertivas, que contribuam para o desenvolvimento do negócio em um mundo pós-pandemia.

TIPOS DE PESQUISA

Ao realizar pesquisas de marketing, sejam elas de mercado, de clientes, de concorrentes, um dos momentos mais críticos é justamente a obtenção de dados. Os dados precisam ser válidos e confiáveis, requerendo variados cuidados para que os dados obtidos gerem as informações necessárias para as tomadas de decisão em marketing.

Por isso, é sempre muito importante estudar pesquisa de marketing e conhecer as várias possibilidades de obter dados. Cada uma requer conhecimentos e cuidados, pois obter dados não confiáveis pode gerar informações incorretas. Mostra-se na sequência algumas formas de obter dados, mas reforça-se que é preciso aprender as nuances de cada método para ter certeza que o dado obtido é o correto:

- ✗ <u>Entrevistas em profundidade:</u> é um método de obtenção de dados muito útil para conhecer em profundidade as percepções de um grupo. Em resumo, é uma conversação individual do pesquisador com o entrevistado, procurando esclarecer o que as pessoas pensam a respeito de um determinado assunto. Pode ser usado, por exemplo, para compreender a rejeição a um determinado produto ou serviço.

- ✗ *Focus group* <u>(ou grupo focal):</u> é a geração de dados coletivos, quando reúne-se um grupo de pessoas para discutir um assunto. Por exemplo, o debate sobre uma necessidade latente ou benefícios de um produto ou serviço. Este método gera dados ricos, pois se obtém informações de variadas pessoas, desde que todos se sintam à vontade para emitir suas opiniões.

- ✗ <u>Observação:</u> método de obtenção de dados muito útil, especialmente no varejo. Observar consumidores no ato da compra, por exemplo, pode esclarecer elementos como exposição de produtos e *layout* de lojas. Cabe ao observador estar muito atento à comunicação não verbal dos observados para extrair conclusões dos comportamentos das pessoas.

- ✗ <u>Questionários (ou *surveys*):</u> este método permite a obtenção de muitos dados de forma relativamente simples, ao recolher diferentes informações de um grande número de indivíduos. As plataformas virtuais atuais facilitam muito a abrangência da coleta de dados com questionários, mas é preciso ter atenção, pois questionários requerem estudos para que se obtenham dados confiáveis. Tenha um cuidado especial na hora de formular as questões dos questionários.

- ✗ <u>Dados pré-existentes:</u> método mais prático para obter dados, pois as informações já existentes provêm de fontes confiáveis, como o Instituto Brasileiro de Geografia e Estatística (IBGE). O uso de dados pré-existentes de variadas fontes permite encontrar relações não observáveis diretamente. Além disso, este método requer acesso aos dados e conhecimentos de estatística.

É claro que existem outros métodos de coletar dados, mas estes tendem a ser os mais comuns. O importante é observar que tipo de dados são necessários para atender ao objetivo da pesquisa e realizar os procedimentos corretos na obtenção dessas informações, gerando conclusões úteis e confiáveis para uma decisão acertada.

Pensando na realidade da pandemia e do pós-pandemia, alguns tipos de pesquisa podem ser mais relevantes e outras podem não se aplicar. Por exemplo, dados secundários são inviáveis, pois as informações ainda estão sendo geradas e ainda não há histórico, mas os demais tipos se aplicam à realidade atual.

Considerando a virtualização forçada dos clientes, pesquisas com questionários online, entrevistas e/ou grupos focais virtuais são bem adequados para o novo normal. Um destaque é a observação. Enquanto no mundo real a observação é feita por câmeras e por pesquisadores observadores, no ambiente digital, a observação pode se aplicar ao acompanhar as movimentações dos utilizadores. Os tempos são outros, mas as possibilidades de pesquisa possuem potencial de adaptação tanto quanto os clientes!

COMO ESCOLHER O TIPO DE PESQUISA CERTO

Um dos maiores desafios de um pesquisador é escolher o tipo de pesquisa que vai utilizar para adquirir conhecimentos a respeito de um determinado assunto. Existem tantos tipos que às vezes é complicado saber qual usar, por isso, é preciso conhecer variados métodos para identificar o mais adequado para responder a uma questão de pesquisa, ou seja, uma dúvida que precisa ser esclarecida.

Deste modo, é recomendado aos pesquisadores de marketing que constantemente estejam estudando novos métodos de pesquisa e novas formas de revelar aquilo que não é passível de ser visto diretamente. Aqui, apresento um conjunto de passos a serem dados pelo pesquisador para obter informações corretas e precisas:

- ✕ Defina claramente a questão principal a ser respondida e o objetivo de sua pesquisa. Esse é o ponto de partida que determinará como será a pesquisa a ser realizada. Tudo que vem depois depende do objetivo da pesquisa.
- ✕ Determine os motivos e as justificativas para realizar a pesquisa. Por que ela é importante? O que ela trará de novidades? Preveja isso.
- ✕ Encontre pesquisas semelhantes às já realizadas e observe o que já foi feito e o que se descobriu. Pesquisas anteriores podem ser fonte de inspiração para a sua pesquisa.
- ✕ Defina a técnica de pesquisa mais adequada para o seu objetivo. Para responder ao seu objetivo, será necessário uma ampla visão da realidade? Um questionário pode ser o mais adequado. Pretende conhecer algo em profundidade? Entrevistas e observações podem ser o mais indicado.

- × Escolha onde fazer a pesquisa e o público-alvo. Quem deve ser pesquisado? Onde? Fazer a pesquisa com os sujeitos certos dará robustez aos resultados.

- × Estabeleça uma amostra que seja adequada para dar confiabilidade aos seus dados. Se não é possível pesquisar todos, então busque as quantidades necessárias para evitar erros nos resultados.

- × Desenvolva um instrumento de coleta de dados — como questionários e roteiros de entrevista — muito preciso, seguindo as técnicas corretas de desenvolvimento para ter um instrumento confiável.

- × Faça a coleta dos dados de modo imparcial e que consiga abranger o público-alvo de modo que sua amostra represente esse grupo. Mesmo pesquisas em profundidade requerem escolhas adequadas de quem vai participar da pesquisa, evitando conveniências, que podem gerar viés nos resultados.

- × Registre os dados coletados o quanto antes e prepare-os para as análises, pois os dados são o meio pelo qual se geram informações e novos conhecimentos, ou seja, uma preciosidade.

- × Utilize as técnicas corretas de análise dos dados, que permitam responder à questão de pesquisa, ou seja, ao objetivo pretendido. Cada objetivo requer técnicas específicas de análise dos dados.

- × Produza relatórios de pesquisa completos e bem explicativos, para que os leitores dos resultados da pesquisa cheguem às mesmas conclusões do pesquisador.

Estas recomendações podem dar confiabilidade e validade à sua pesquisa. A precisão dos resultados é importante, pois as decisões provenientes dos relatórios de pesquisa precisam ser assertivas. É preciso muito cuidado na hora de desenvolver a pesquisa para não gerar informações incorretas, que podem levar a decisões desastrosas.

PESQUISA DE MERCADO USANDO TECNOLOGIA

Em determinadas situações, decidir não realizar uma pesquisa de mercado pode ser um risco desnecessário, pois, na atualidade, existem diversos recursos disponíveis — e boa parte gratuitos — para cobrir esta necessidade. Há várias empresas de pesquisas de mercado online, por exemplo, que oferecem seus serviços cobrando valores bem inferiores a uma pesquisa de mercado tradicional.

Mesmo assim, pode-se pensar que uma pesquisa online não pesquisará o mesmo público de uma pesquisa tradicional. Será? Quantas pessoas você conhece que não têm acesso à internet? Mesmo consumidores da terceira idade vêm fazendo uso contínuo do meio digital. Considerando o volume de pessoas que não são usuários da internet, é muito provável que esse número seja bem reduzido. O atual alcance da internet é indiscutível!

Além disso, ainda há variados recursos tecnológicos para pesquisar redes sociais, que representam uma das mais importantes fontes de pesquisas de mercado. É claro, é preciso aprender sobre tais tecnologias, ou mesmo contar com profissionais que dominem tais recursos tecnológicos para fazer pesquisa de mercado, mas é fato: atualmente as pesquisas online possuem um alcance maior que pesquisas de mercado tradicionais.

Ou seja, desenvolva conhecimentos das várias ferramentas tecnológicas para realizar pesquisa de mercado. Há muitas possibilidades, com variados preços, que entregam informação fundamental para tomar decisões. Lembre-se: pesquisas de mercado apoiadas em tecnologias são uma realidade para todas as empresas.

Especialmente em um mundo pós-pandemia, onde o novo normal proporciona uma maior participação digital dos consumidores, o domínio das tecnologias para a realização de pesquisas parece ser uma necessidade urgente. Dados divulgados pela Agência Brasil refletem essa realidade.

O Comitê Gestor da Internet do Brasil mostrou que, no ano de 2020, alcançou-se a marca de 152 milhões de usuários, representando 7% a mais comparado a 2019. Isso significa que 81% da população com mais de 10 anos possui internet em casa. Os destaques são a classe C, que passou de 80% para 91%, e os usuários das classes D e E, que saltaram de 50% para 64%, na pandemia. A digitalização do consumidor ainda deve aumentar, reforçando a necessidade das empresas em realizarem pesquisas contando com o apoio de tecnologias virtuais.

DICAS PARA PESQUISAR CLIENTES

As atividades de compras e vendas fazem parte do comportamento humano, desta maneira, para pesquisar pessoas, é preciso desenvolver conhecimentos próprios. Tais conhecimentos são provenientes de uma das áreas que mais contribuem com o marketing, a psicologia, ciência voltada a entender o indivíduo. Para quem quer trabalhar com marketing e vendas, é preciso entender de gente, seja o indivíduo, seja o coletivo. Por isso, é preciso desenvolver alguns conhecimentos de psicologia. Aqui, elenco algumas dicas para pesquisar clientes:

- ✘ Estude psicologia do consumidor, pois isso lhe ajudará a entender como pensa o seu cliente atual ou potencial.
- ✘ Desenvolva conhecimentos em psicometria, também conhecida como a forma de medir o comportamento humano.
- ✘ Aprenda a fazer entrevistas em profundidade, conseguindo extrair o que uma pessoa realmente pensa a respeito de um assunto.
- ✘ Aprenda a construir um questionário, pois a precisão das medidas de comportamento dos consumidores depende da forma de coletar os dados.
- ✘ Estude as estatísticas utilizadas nas pesquisas sobre comportamento do consumidor, pois muito do que se obtém é abstrato e relações entre elementos não são passíveis de serem vistos a "olho nu".
- ✘ Desenvolva sua capacidade de abstração para compreender as percepções e atitudes das pessoas, pois nem tudo o que uma pessoa diz é o que ela realmente pensa. Seja capaz de interpretar os comportamentos humanos.

As pesquisas junto a clientes requerem conhecimentos em comportamento humano, assim, é preciso compreender profundamente o que motiva as pessoas, bem como o que as leva a possuir determinados comportamentos. Ao compreender seus clientes, o trabalho do profissional de marketing e vendas tende a ser facilitado.

DICAS PARA PESQUISAR CONCORRENTES

Outra das atividades mais importantes de pesquisa em marketing é a pesquisa de concorrentes. É preciso saber contra quem a empresa está disputando o mercado. Conhecer os demais competidores gera vantagens e permite a escolha das melhores táticas e estratégias para concorrer no mercado e conquistar clientes.

Assim como a empresa possui seus segredos, os demais competidores têm os seus. E descobrir os segredos dos concorrentes pode ajudar muito na disputa por clientes. Por não ser uma tarefa fácil para o profissional de marketing e vendas, aqui vão algumas dicas para pesquisar seus concorrentes e conhecê-los melhor:

- ✗ Torne-se cliente dos seus concorrentes e saiba como eles tratam os clientes.
- ✗ Converse com os clientes dos concorrentes e conheça as vantagens competitivas de quem você compete.
- ✗ Fale com seus clientes que já foram clientes dos concorrentes e descubra porque eles mudaram e escolheram você.
- ✗ Contrate funcionários dos seus concorrentes, preferencialmente aqueles que possuem informações privilegiadas.
- ✗ Verifique se você tem fornecedores que atendem seus concorrentes e fale com eles sobre o assunto. Atenção: se os fornecedores derem informações demais é possível que ele faça o mesmo com seus concorrentes, falando de você.
- ✗ Conheça os funcionários de seus concorrentes e converse com eles, pois geralmente você obtém informações dos concorrentes por meio dos próprios funcionários, especialmente vendedores.

A pesquisa de concorrentes deve ser uma tarefa contínua para os profissionais de marketing e vendas. Jamais deve-se disputar mercado sem saber contra quem está lutando. Assim, será possível tomar as melhores decisões e fazer escolhas adequadas para que a empresa alcance a competitividade desejada.

DICAS PARA PESQUISAR O MERCADO

Uma das atividades mais importantes para gestores de empresas nascentes ou mesmo gestores de empresas que querem crescer é fazer pesquisa de mercado. Identificar potenciais clientes em um determinado mercado ainda não atendido pela empresa é tarefa essencial dos profissionais de marketing e vendas.

Para isso, é preciso obter uma variedade de informações, muitas delas desestruturadas e dispersas por variadas fontes. Por isso, desenvolva as técnicas necessárias para investigar um mercado e encontrar os potenciais clientes para a sua empresa. Ofereço algumas dicas sobre o assunto:

- ✗ Pesquise diversas fontes de informações e registre o máximo de dados que conseguir sobre o mercado a alcançar.
- ✗ Organize os dados que obtiver e relacione-os para gerar informações úteis para detalhar o mercado pretendido.

- × Ao identificar potenciais clientes, separe-os em grupos que possuem características e necessidades comuns.
- × A partir dos dados que obtiver, caracterize os clientes ideais e prepare uma pesquisa junto a eles. Um questionário, por exemplo, é uma boa alternativa.
- × Pesquise as expectativas de potenciais clientes no mercado desejado usando entrevistas em profundidade, *focus group* e questionários.
- × Faça simulações para observar a aceitação dos seus produtos/serviços junto ao mercado pretendido, como um questionário de intenção de compra.

Ao adotar essas recomendações, aumenta-se a utilidade da pesquisa de mercado. Não é uma pesquisa fácil de ser colocada em prática, mas é fundamental para ampliar a chance de sucesso na atuação da empresa no mercado pretendido.

MÉTODOS EMERGENTES DE PESQUISA: DO *BIG DATA* AO NEUROMARKETING

Ao longo do tempo, surgem novos métodos de pesquisa de marketing. Alguns não prosperam, mas outros fazem sucesso. Por isso, é preciso estar atento às novidades na área de pesquisa. Aqui listo alguns dos métodos mais recentes que vêm sendo utilizados com maior frequência. Outros não são tão recentes, mas que aos poucos vêm sendo adotados por pesquisadores de marketing:

- × Experimento: técnica de pesquisa muito tradicional, que faz simulações da realidade. Quando não é possível pesquisar a realidade diretamente, utilizam-se experimentos controlados para observar, por exemplo, um efeito causal. O experimento é um método emergente em marketing, especialmente na área de comportamento do consumidor.
- × Netnografia: técnica de pesquisa que coleta dados acompanhando as atividades das pessoas na internet. Geralmente, estuda-se fóruns, blogs e redes sociais, incluindo comentários e discussões entre os participantes. Cabe ressaltar que o acompanhamento é realizado durante períodos mais extensos.
- × *Big data*: termo utilizado para representar grandes bancos de dados, cujo objetivo é tratar, analisar e obter informações. Como atualmente há uma produção imensa de dados por meio da internet, desenvolver

conhecimentos de *big data* tende a ser uma necessidade para construir conhecimentos sobre mercados, por exemplo.

× <u>Neuromarketing:</u> técnica de pesquisa que reúne neurologia e marketing. Pesquisa-se os efeitos neurológicos das atividades de marketing, utilizando equipamentos como eletroencefalogramas e rastreadores oculares. Observa-se principalmente reações humanas a estímulos de marketing.

Nesta lista, destaco o *big data*. Visto o aumento da utilização da internet, em virtude das restrições impostas, pode-se considerar que muito mais informação foi gerada, como dados de utilizadores novos, que antes eram pouco presentes no ambiente virtual. O *big data* já vinha sendo alvo de grandes discussões sobre o seu uso para o marketing e vendas e, no novo normal, as informações tendem a ser muito relevantes no processo de tomada de decisão das empresas, visto as mudanças comportamentais dos consumidores.

No intuito de conhecer a realidade de modo amplo, a adoção de variados métodos de pesquisa, muitas vezes em conjunto, pode trazer as melhores informações para a tomada de decisão. Assim, é preciso sempre estar atento às novidades em pesquisa e adotar os melhores métodos para resolver problemas de mercado.

ERROS DE PESQUISA

É normal desconfiarmos de resultados de pesquisa. Pensamos assim: será que os resultados da pesquisa estão certos? Será que é isso mesmo? Esse tipo de suspeita pode ser ocasionado por erros de procedimentos na hora de realizar uma pesquisa, que podem ser facilmente evitados.

Curiosamente, o principal erro na hora de realizar uma pesquisa é a definição equivocada do objetivo deste trabalho. Estabelecer objetivos muito amplos ou muito estreitos são indícios que a pesquisa não trará os resultados esperados, ou até mesmo que tais resultados não serão confiáveis. É preciso definir um objetivo muito preciso, que permita obter informações úteis, completas e confiáveis, algo que requer profunda reflexão e que costuma ser a tarefa mais difícil.

Outro erro comum na elaboração de uma pesquisa é escolher o método inadequado. Se busca-se conhecer as visões de mercado de boa parcela de pessoas, entrevistas em profundidade não são indicadas. Se busca-se compreender por que uma marca é rejeitada, aplicar questionários não parece ser o mais correto. A técnica de pesquisa depende do objetivo e deve respondê-lo adequadamente. Escolhas mal feitas podem comprometer toda a pesquisa.

Um terceiro erro básico refere-se ao público-alvo. Pesquisar os sujeitos errados leva aos resultados errados. O público-alvo da pesquisa precisa estar claro, mesmo que seja difícil de ser alcançado. Escolher públicos por conveniência tende a resultar em dados imprecisos, não atingindo o objetivo da pesquisa.

Além disso, também é preciso considerar o instrumento de coleta dos dados. Há muitos erros em questionários e roteiros de entrevistas, flagrados em escrita inadequada e, principalmente, viés. Questionários com perguntas tendenciosas só fazem todo o esforço de pesquisa ser jogado fora. O mesmo se aplica a roteiros de entrevista. O pesquisador não deve querer que seus entrevistados confirmem o que ele pensa, mas querer saber a verdade.

Atualmente, fazer pesquisa de marketing não é difícil, nem caro, mas requer cuidados. O mais importante é o pesquisador adquirir competências de pesquisa para não cometer erros, que podem custar caro, como uma tomada de decisão equivocada apoiada em pesquisa com informações incorretas.

ANALISTAS ESPORTIVOS X PESQUISADORES DE MARKETING

O analista de desempenho esportivo possui atribuições como levantar e analisar dados de jogadores, atletas e equipes. Este é um trabalho muito interessante, pois o uso de dados no esporte tem representado melhoria de desempenho de atletas e times. Ao levantar dados e analisá-los, o analista consegue melhorar treinos, acertar táticas e desenvolver o potencial de atletas e equipes.

Ou seja, as atribuições deste profissional, são facilmente relacionadas ao pesquisador de marketing. São profissionais com fins semelhantes, visto que devem recolher e utilizar dados quantitativos e qualitativos para aprimorar determinadas ações. Enquanto os analistas esportivos avaliam o desempenho de atletas e equipes, os pesquisadores de marketing avaliam o desempenho de produtos, serviços e marcas, além de portfólios de produtos e serviços.

Os analistas de desempenho também possuem um papel importante em observar os adversários, assim como o pesquisador de marketing avalia os concorrentes. Para manter a equipe nos pódios, o analista também precisa possuir habilidades na contratação de atletas. Enquanto isso, o pesquisador de marketing deve apontar a necessidade de novos produtos e/ou serviços. O analista também avalia táticas esportivas, assim como o pesquisador de marketing avalia as estratégias de marketing e vendas da empresa.

Possivelmente, um analista de desempenho esportivo poderia ser um bom pesquisador de marketing, pois o trabalho de ambos concentra-se em recomendar táticas, registrar dados, analisar as informações e converter esse trabalho em conhecimento. Observar o trabalho dos analistas esportivos pode apresentar grande utilidade para o mercado, especialmente para desenvolver os profissionais de pesquisa de marketing. Uma boa inspiração!

DESAFIOS DO PESQUISADOR DE MARKETING NO BRASIL

Um dos maiores desafios dos pesquisadores de marketing é garantir o valor da sua profissão. É essencial que as empresas reconheçam o valor de uma pesquisa de marketing e saibam que fazer pesquisa traz informações importantes para tomadas de decisão. Infelizmente, ainda há empresários, gestores e diretores que não conseguiram captar a real importância de uma pesquisa de marketing e os possíveis benefícios que trará para a empresa.

As pesquisas de marketing contribuem em diversos segmentos, desde a entrada de uma empresa em um novo mercado ao desenvolvimento de novos produtos ou serviços e até em programas de relacionamento. Todas estas frentes devem ter como base um conjunto de informações de mercado, ou seja, informações externas à empresa. Logo, quando os dados começam a ganhar importância fundamental para os direcionamentos de uma empresa, percebe-se o valor da ciência dos dados e o uso dessas informações para o futuro das empresas.

É uma questão de evolução e maturidade. Assim, as empresas — e especialmente os seus gestores — começam a ter cuidado e respeito com as pesquisas de marketing. Felizmente, percebe-se que esse primeiro desafio está sendo superado. No cenário pós-pandemia, por exemplo, a necessidade de fazer pesquisa parece estar em evidência. O mundo mudou, o mercado mudou e também o consumidor, o que precisa ser revelado e reconhecido.

Tal necessidade representa um ganho de importância do pesquisador de marketing. Como a situação mudou de modo generalizado (o "novo normal"), é preciso obter informações atualizadas, sendo essa a atribuição dos pesquisadores de marketing. Olhar para o mercado e obter dados, que geram informações e conhecimentos, tende a subsidiar as decisões dos gestores empresariais. Ou seja, o conhecimento atualizado e em acordo com a realidade tem sido o principal insumo dos tomadores de decisão. Jamais a pesquisa de marketing esteve tão em evidência.

Ainda assim, muitos entendem que fazer pesquisa de marketing é muito caro. Grande parte das empresas — desde pequenas a médias — consideram que não possuem capacidade financeira para bancar uma pesquisa de marketing ampla, que seja bem aplicada e que traga informações relevantes. Por muito tempo, as pesquisas eram iniciativas caras, mas, atualmente, há espaço para pesquisas em variados tamanhos e formas, inclusive algumas sem custo algum.

O que o gestor, diretor ou dono da empresa precisa buscar é justamente aquela pesquisa que apresente um equilíbrio entre custo e benefício. O investimento, por vezes, não é tão alto e as informações são preciosas. Com isso, há duas opções: ou se aprende a fazer pesquisa ou contrata-se a pesquisa, sendo que essa contratação, eventualmente, resultará em um custo, ou melhor, um ótimo investimento.

Outro desafio do pesquisador de marketing no Brasil é a formação deste profissional. Muitos pesquisadores desenvolvem as suas competências nos mais variados meios, mas o principal ambiente dedicado à formação de pesquisadores está relacionado a cursos de mestrado e doutorado. Há diversas instituições de ensino oferecendo formações avançadas de alta qualidade e que irão preparar o profissional para vários métodos de pesquisa.

Por isso, o profissional de marketing e vendas pode se especializar em pesquisa, conhecendo diferentes formas de colocá-la em prática e a utilizando como uma caixa de ferramentas. Primeiro, o profissional observa um problema — seja de mercado, ou junto a clientes e concorrentes — e, depois, abre a "caixa de ferramentas" e escolhe o instrumento de pesquisa mais adequado. Ou seja, aquele método que ajudará a propiciar as informações necessárias para **tomar as melhores decisões e fazer a empresa evoluir, ganhar mercado, satisfazendo clientes e alcançando cada vez mais novos clientes, com novos produtos e em novos mercados.**

É tempo para que esses desafios sejam superados! Afinal, é preciso mostrar o verdadeiro valor da pesquisa para o mercado. Especialmente, em situações de mudanças de realidade, como é o caso do pós-pandemia, visto que desenvolver competências de pesquisa pode trazer um diferencial importante para os profissionais de marketing e vendas, que estarão mais habilitados a lerem a nova realidade. Viva a ciência e a pesquisa!

PENSE EM SEUS CANAIS DE VENDAS E PLANEJE CANAIS DE VENDAS FÍSICOS

Um dos primeiros e principais efeitos da pandemia, logo no primeiro trimestre de 2020, foi o fechamento do comércio físico. As medidas de isolamento social foram obrigatórias para o controle da pandemia, o que fez com que muitos governos determinassem o fechamento de comércios e serviços que atendiam fisicamente aos clientes. Essa medida drástica, porém necessária, causou uma séria crise nos negócios que dependiam das visitas dos clientes.

Em seguida, os consumidores foram obrigados a migrar para o mundo virtual, efetuando seu consumo com apoio da internet. Tempos difíceis para o varejo físico, mas a pandemia começou a ser controlada e, quando encerrada, inaugura **um novo tempo, uma sociedade pós-pandemia e um novo normal no mercado de consumo.**

Este novo contexto exige uma mudança de estratégia das empresas de modo geral, não somente daquelas impactadas pela interrupção das atividades presenciais. Com isso, criou-se uma forte expectativa que o anúncio do fim da pandemia e das medidas restritivas, como isolamento social e o uso de máscaras, gere uma corrida alucinada para os canais de vendas físicos. Além de abraçar aos seus familiares e se livrarem das máscaras, as pessoas querem se libertar das amarras impostas pela pandemia.

Shopping centers lotados, parques cheios, alta procura por cinemas, hotéis, academias, shows e lojas de todos os tipos é reflexo do fim da pandemia. Os consumidores querem recuperar o tempo perdido e fazer tudo que não puderam durante a pandemia. E essa espécie de "estouro de boiada", gera muitas oportunidades, nos quais o profissional de marketing e vendas deve estar atento.

É uma oportunidade única para planejar canais de vendas físicos para o momento pós-pandemia. Não é porque a empresa existe somente na internet que ela não pode ter, mesmo que temporariamente, algum canal de vendas físico. Mesmo porque observa-se ao longo dos últimos anos várias empresas originalmente virtuais ou com vendas à distância investindo em varejo físico. Quer exemplos? Polishop, Submarino, Dafiti e Google, só para citar alguns. Esse pessoal não investiria em varejo físico se não valesse a pena, não acha? Por isso, não radicalize acreditando que todos vão abandonar o varejo físico e partir para o mundo virtual exclusivamente. O correto parece ser uma mescla entre a atuação virtual com a atuação na vida real!

CLIENTES AVESSOS AO *E-COMMERCE*

Uma pesquisa buscou entender o porquê algumas pessoas decidem por não adotar o *e-commerce*. Intitulada *Antecedents and consequents of consumers not adopting e-commerce*, foi publicada em 2020 em uma das principais revistas científicas de varejo e serviços, o *Journal of Retailing and Consumer Services*.

Esta pesquisa é muito interessante e difícil de ser realizada. Primeiramente, não é fácil encontrar, hoje em dia, pessoas que se recusem a adotar o *e-commerce*. Parece ser algo cada vez mais natural às pessoas, mas os resultados concluíram conclusões interessantes.

A partir de uma perspectiva de comportamento previamente planejado, observou-se que algumas pessoas assumem a atitude de não usar o *e-commerce*, muito motivadas por suas crenças e experiências. Percebe-se também que a influência de pessoas próximas não faz o indivíduo mudar de ideia. Ele só usará o *e-commerce* se não tiver jeito ou opção. Complementarmente, constatou-se que essas mesmas pessoas falam mal desse tipo de comércio e não querem nem ouvir argumentos sobre ele.

Pode-se concluir, portanto, que esse grupo muito resistente precisa ser ouvido por profissionais de marketing e vendas. Para o profissional de *e-commerce*, é preciso lembrar que a venda pela internet, apesar de crescer muito, é concorrida, ou seja, há cada vez mais concorrentes tentando vender na internet. Por isso, não pode-se desconsiderar clientes que, por alguma crença ou experiência passada, resistem em aderir ao *e-commerce*. Ao conhecer tais resistências, os profissionais podem convencer esse difícil cliente e torná-lo leal à loja virtual que representam. Entender as crenças e motivações pode ser um elemento fundamental para contribuir com o desempenho dos negócios.

Por outro lado, não é possível convencer a todos, o que mostra a importância dos canais físicos de vendas. Por mais que grande parte dos clientes venha a aderir ao varejo virtual, uma parcela importante sempre irá preferir o varejo físico. Deste modo, realizar a integração do varejo virtual com o físico parece ser o caminho mais adequado para as estratégias de marketing e vendas de empresas de varejo. Prever essa integração vai além da competição físico-virtual, é um somatório que tende a trazer ótimos resultados.

UMA ESTRATÉGIA DE VARIADOS CANAIS DE VENDAS REDUZ O RISCO DO NEGÓCIO

Ao ler os relatos dos empreendedores que precisam fechar em meio à pandemia, percebe-se uma forte dependência em algo único. Um tipo de cliente, uma forma de vendas ou um produto e serviço. Boa parte dos empreendedores não eram independentes, mas reféns de um meio de vendas, um tipo de cliente ou um conjunto de produtos/serviços. E isso é um importante alerta!

Para dividir os riscos do negócio, é preciso abrir o leque, isto é, ampliar os canais de vendas, o público-alvo do negócio ou os produtos e serviços comercializados. Ficar dependente de algo único é muito arriscado. Por exemplo, muitos negócios só realizavam vendas presenciais em um único formato. Quando ocorreu o fechamento do comércio, de escolas e empresas de serviços em meio à pandemia, grande parte desses negócios correu para a internet, mas sem qualquer preparo ou planejamento. Isso ocorreu porque tais empresas estavam acomodadas com o seu formato de vendas, os seus produtos/serviços e os seus clientes habituais.

Portanto, distribua o risco do negócio! São três possíveis caminhos:

1. Aumentar a base de clientes, ao atender novos tipos de clientes e não ficar dependente de somente um tipo.
2. Aumentar a oferta de produtos/serviços, atraindo novos públicos não alcançados anteriormente.
3. Ou ampliar os canais de vendas, não ficando dependente de um só tipo, como somente a internet ou somente lojas físicas.

Uma empresa só será independente quando desenvolver variadas fontes de obtenção de vendas e isso requer competência em marketing e vendas!

INTERDEPENDÊNCIA DOS CANAIS DE VENDAS: ESTRATÉGIAS *OMNICHANNEL*

Sugere-se às empresas terem variados canais de vendas interdependentes e que consigam alcançar os mais variados tipos de clientes. Múltiplos canais de vendas, que não competem entre si, podem dar a abrangência e capilaridade necessárias para que uma empresa alcance o mercado de modo amplo e irrestrito. Esta necessidade de cobrir todo o mercado deu origem às estratégias *omnichannel*.

As estratégias *omnichannel* postulam a necessidade de oferecer múltiplos canais de atendimento aos clientes, sendo que tais canais são complementares e não concorrentes entre si. Com isso, é possível alcançar mais mercado ao pensar em formas diferentes de vender para os clientes.

Assim, é muito importante aos profissionais de marketing e vendas pensarem nos vários meios de atrair e conquistar clientes. Temos muitas opções e todas elas devem ser consideradas no negócio. Quer exemplos? Podemos vender usando vendedores, televendedores, autosserviço, máquinas de vendas, redes sociais, aplicativos de mensagens ou *e-commerce* — sendo ele próprio ou via *marketplace*.

Um exemplo clássico de estratégia *omnichannel* é relacionada aos bancos, que há anos vêm investindo em variados tipos de canais de atendimento aos seus clientes. Você pode ter acesso aos serviços de um banco de múltiplas formas: ir na agência para atendimento pessoal, no autoatendimento, por telefone, no *internet banking* ou através de aplicativos. A disponibilidade dos serviços bancários está cada vez mais sendo facilitada para os consumidores.

Será que outros negócios não podem seguir o mesmo caminho? Com certeza sim! Há muitas lojas na atualidade que possuem vendas pessoais, atendem por telefone, por aplicativos de mensagens, possuem espaço de compra na internet, estão presentes em *marketplaces* e vendem pelas redes sociais. Deve-se oferecer variadas possibilidades, pois quanto mais possibilidades, mais chances de realizar vendas.

O mais importante é reconhecer a finalidade de cada um desses canais, evitando que concorram entre si, bem como oferecer múltiplas possibilidades para os clientes serem atendidos e efetuarem as suas compras. Além disso, o mundo pós-pandemia traz um cliente diferente, que experimentou formas diversas de ser atendido em virtude das limitações impostas pela pandemia. Então, reveja os canais de vendas, conheça as possibilidades que não utiliza e projete uma estratégia *omnichannel* para o pós-pandemia.

DICAS PARA O VAREJO FÍSICO PÓS-PANDEMIA

Ao considerarmos que o fim da pandemia irá gerar uma grande procura pelos consumidores em geral, é preciso estar preparado. Vale reforçar que este é um cliente diferente daquele conhecido anteriormente, ou seja, um consumidor que vivenciou diversas formas de consumir. Para isso, seguem algumas dicas para uma reflexão sobre os preparativos da nova realidade e do novo normal pós-pandêmico:

× Sincronize seus canais físicos aos seus canais digitais, pois o varejo físico deve estar em linha com os canais digitais de vendas.

× Prepare sua loja para receber um novo cliente, revisando mix de produtos e serviços, estoques e preços.

× Planeje ofertas para o pós-pandemia, escolhendo produtos e serviços que passaram a fazer parte da vida das pessoas na pandemia.

× Desenvolva atrativos para que os consumidores sintam vontade de ir ao seu varejo físico, trazendo novidades, como demonstrações e inovações tecnológicas.

× Prepare sua equipe para um atendimento de excelência, treinando-os para saber lidar com o novo consumidor no novo normal.

Uma revisão completa dos processos da loja é muito necessária em um momento de retorno dos clientes, pois os comportamentos mudaram e as lojas precisam acompanhar essas mudanças. Portanto, as dicas listadas podem contribuir para o desenvolvimento das operações físicas, especialmente considerando a grande procura pelo varejo físico no pós-pandemia.

DICAS DO QUE NÃO FAZER NO VAREJO

Por falta de conhecimento ou atenção, por vezes, os gestores de marketing e vendas cometem erros. Ter o conhecimento necessário ajuda a tomar as decisões certas e escolher as melhores ações para atrair clientes neste momento tão especial. Por isso, na lista a seguir destaco o que não se deve fazer no varejo no pós-pandemia:

- ✕ Acreditar que o consumidor continua o mesmo e será atraído pelas mesmas ações antes da pandemia.
- ✕ Acreditar que, com o fim da pandemia, as atividades digitais não são mais necessárias.
- ✕ Não repensar sua loja, seu mix de produtos e serviços e sua vitrine.
- ✕ Considerar que tudo voltou ao normal, desconsiderando a crise sanitária. Atenção: não há mais o normal, mas sim um novo normal.
- ✕ Deixar de realizar promoções que atraiam clientes simplesmente porque os clientes estão loucos para retornar ao varejo físico.
- ✕ Não treinar sua equipe de vendas para o consumidor pós-pandemia.
- ✕ Não trazer novidades que façam o consumidor se interessar pela loja e comprar nela com frequência.

Esta lista de erros potenciais pode servir de orientação para os lojistas, visto que muitos ainda não sabem como agir no pós-pandemia. Ao evitar tais erros, é possível aproveitar as muitas oportunidades que surgem na retomada dos negócios no varejo físico.

O QUE É *MERCHANDISING*?

Para quem não conhece o termo, *merchandising* é toda ação realizada no ponto de venda que visa motivar e predispor o consumidor a compra. Isso mesmo, é ação de ponto de venda. Apesar do uso da palavra em outros contextos — como em anúncios em programas de TV —, o verdadeiro *merchandising* é aquele realizado em pontos de venda, no qual o principal objetivo é estimular as compras por impulso, um aspecto vital para o varejo.

Boa parte das compras no varejo não são planejadas ou mesmo racionais. Ao contrário, muitas compras são realizadas por puro impulso em resposta a estímulos dos varejistas no intuito que o consumidor venha a conhecer produtos e serviços, bem como experimentá-los. Tais estímulos são o centro das atividades de *merchandising*.

> Compra por impulso: um dos principais motivos do sucesso no varejo, a compra por impulso é a aquisição de um produto/serviço sem o reconhecimento prévio de uma demanda — como uma necessidade ou desejo. É uma compra não planejada em resposta aos atrativos que o varejo oferece ao consumidor. Muito comum em supermercados e no setor de roupas e calçados.

Como o *merchandising* se insere em todo o ponto de vendas, uma das primeiras atividades é adequar o *layout* da loja. Ou seja, o que deve ser desenhado de modo tal que o consumidor veja o que não pensava ver e conheça produtos e serviços que não pensava em comprar. Há várias técnicas para desenhar o *layout* de uma loja para estimular os consumidores a comprar.

A principal atividade de *merchandising* é a **exposição de produtos**, o que envolve trabalhar tanto na vitrine, quanto na forma como os produtos e serviços são expostos para o consumidor. Primeiro, é preciso que o produto seja visto pelos clientes, pois **quem não é visto, não é lembrado e quem não é lembrado, não é comprado**. Expor produtos de modo a atrair os olhares dos consumidores é a forma mais eficaz de vendas no varejo, especialmente no autosserviço, pois não conta com vendedores para apoiar a venda.

Outra atividade de *merchandising* são os materiais e recursos de pontos de venda. Cartazes promocionais, *banners*, placas indicativas, decorações de fundo, iluminação, cores, som ambiente, expositores promocionais, espaços promocionais, adesivos, faixas de gôndola, infláveis, móbiles e *stoppers* são alguns dos elementos que, se bem utilizados, atraem os olhos do consumidor, bem como estimulam a compra.

O uso correto do *merchandising* tem se mostrado uma fonte de competitividade dos varejistas que o utilizam e pode ser uma importante fonte de vantagem competitiva no pós-pandemia. Afinal, todo o varejo, que sofreu com as restrições impostas no período pandêmico, quer atrair os consumidores ávidos pelo retorno presencial. O *merchandising* pode ser o elemento que vai fazer com que os consumidores prefiram a sua loja, portanto, aproveite os benefícios dessa técnica promocional.

É importante destacar que o *merchandising* tradicional não se aplica diretamente ao ambiente virtual. Tendo em vista o pós-pandemia e o crescimento do digital, como utilizar o *merchandising* em lojas virtuais? Aparentemente não é possível, mas isso não é bem verdade.

O *layout* de um site, como um *e-commerce*, é uma espécie de vitrine. Só que as técnicas de vitrinismo — e demais técnicas de *merchandising* — são diferentes de uma loja real. A capacidade de atração de clientes em uma loja virtual é diferente de uma loja física, o que requer que as tradicionais técnicas de *merchandising* sejam ajustadas ao ambiente virtual. Ou seja, desde a apresentação e disposição de produtos e serviços até a forma de oferecer informações aos clientes.

O PODER DA VITRINE

Entre os elementos de *merchandising*, uma das ferramentas mais poderosas para atrair clientes é a vitrine. Nas lojas, a vitrine exerce uma grande capacidade de atração de clientes ao despertar o interesse das pessoas e estimular os consumidores a entrarem em uma loja.

Por seu poder, as vitrines precisam ser muito bem elaboradas, de preferência contando com profissionais que estudam e desenvolvem experiências para construir uma vitrine que traga os clientes para dentro da loja. Quer um exemplo? Em grandes centros dos Estados Unidos, se um produto colocado na vitrine não começar a ser vendido em duas horas, a vitrine é trocada. **Isso mesmo, duas horas!**

Um dos motivos da importância da vitrine está em mostrar aos consumidores que tipo de loja os espera lá dentro. A vitrine revela se a loja possui preços altos ou baixos, se é de luxo ou popular, se faz promoções ou não e que tipo de produtos espera-se encontrar no ambiente. A vitrine diz quem é a loja e por isso deve ser montada de modo a retratar fielmente o que a loja oferece para atrair os consumidores certos.

Primeiro, a vitrine deve ser capaz de atrair os olhares, o que exige conhecimento de cores, disposição de produtos e expositores — como manequins —, iluminação e conhecimento sobre o fluxo de pessoas em frente à loja. Ao atrair olhares, a vitrine deve mostrar claramente aos consumidores o que a loja vende, preços que pratica e promoções que realiza.

Considerando as expectativas de grande procura motivada pelo pós-pandemia, as lojas precisam pensar em como se apresentarão aos clientes no novo normal. É o momento de repensar sua vitrine e direcioná-la para o momento que se vive. Algumas sugestões são considerar assuntos atuais, como proteção ao meio ambiente e diversidade, aspectos ainda pouco utilizados em vitrines de modo geral.

No ambiente virtual, o raciocínio é semelhante. Lembre-se, a primeira impressão é a que fica e a página inicial de uma loja virtual é uma espécie de vitrine digital. Ela deve ser capaz de fazer o cliente buscar o que lhe interessa ou mesmo o fazer querer conhecer os produtos e serviços. Essa espécie de vitrine eletrônica ainda se estende a outros meios, como as redes sociais. O mais importante é que a primeira imagem que o consumidor visualiza seja atraente o suficiente para fazer ele se interessar pela loja.

O importante é lembrar que as vitrines exercem um forte poder de atração de consumidores e isso não pode ser esquecido pelos gestores de lojas. **É a vitrine que faz o cliente entrar.** Então, prepare a sua vitrine para receber os novos consumidores, planejando técnicas de exposição que estejam em linha com as demandas do pós-pandemia.

O PAPEL DO VENDEDOR NO VAREJO PÓS-PANDEMIA

Considerando as expectativas sobre o retorno dos consumidores ao varejo físico, surge em cena um profissional que faz muita diferença: o vendedor. Quando o consumidor voltar ao comércio, ele irá se deparar com esse profissional, cuja função é ajudar o cliente a comprar. No passado, o vendedor tinha uma função voltada a convencer os clientes a comprar, o que chega a ser frustrante, visto que ele tinha que argumentar com o cliente, mesmo que ele não quisesse efetuar a compra.

E isso é um problema, já que, quando o cliente se arrependia, era fácil culpar o vendedor, a loja e ou quem conseguiu convencê-lo a adquirir aquele produto ou serviço. No entanto, esse vendedor não existe mais ou, pelo menos, não deveria existir, porque fazer esse tipo de venda, hoje em dia, é um erro. Fazer com que as pessoas comprem para depois se arrependerem vai simplesmente espantar os clientes atuais e potenciais. **O vendedor que age dessa forma, na atualidade, está fora do mercado.**

E então surgem as questões: qual será o papel do vendedor dentro do comércio? Como o vendedor deve agir no retorno do consumidor ao varejo real e físico? Esse papel é extremamente importante, pois é o vendedor quem ajudará o cliente a comprar e esse desafio requer uma preparação e treinamento dos profissionais de vendas. Afinal de contas, o vendedor, quando está recebendo um cliente em uma loja, precisa compreender as demandas desse consumidor.

Ele não tem que acompanhar ou perseguir o cliente tentando vender qualquer coisa. Isso está errado! Ele precisa investigar o cliente e entender exatamente o que o consumidor está procurando, porque muitas vezes nem o próprio cliente sabe direito o que quer comprar. Esse é o papel do profissional de vendas: **reconhecer as verdadeiras demandas, necessidades e desejos dos clientes para fazer uma oferta adequada.**

Portanto, neste momento de retorno dos clientes ao varejo físico, os profissionais de vendas são desafiados a mudarem a sua postura. O segredo de um profissional de vendas é a sua capacidade de compreender as demandas dos clientes. E como se faz isso? Perguntando. É preciso estabelecer uma conversação para compreender exatamente qual é a demanda e expectativa do cliente para, então, propor uma solução.

Ainda assim, o retorno dos clientes ao varejo físico vem acompanhado de novas demandas dos consumidores. Afinal de contas, a vida mudou e, portanto, a forma de consumir e o que é consumido também mudou. O profissional de vendas do varejo físico é o responsável por identificar essas novas necessidades. E para cumprir este papel é preciso questionar, pois o maior erro é tentar adivinhar.

Cabe ao profissional estar preparado e treinado para que ele reconheça o que mudou no consumidor e, depois, faça as ofertas corretas, negocie, oriente e esclareça. Se a vida do cliente ficar melhor por causa do profissional de vendas, pode ter certeza que ele sempre voltará!

VANTAGENS E DESVANTAGENS DE UMA FRANQUIA

Um dos negócios mais comentados na atualidade é o *franchising*, ou sistema de franquias. Em virtude das diversas vantagens que apresenta, esse negócio tem feito grande sucesso e pode ser uma opção atrativa, especialmente para o pós-pandemia.

> *Franchising:* conhecido também como franquia, é uma modelo de negócios de varejo ou serviços cujo produtor do produto/serviço concede o direito ao varejista para usar a marca do produtor, assim como realizar a venda exclusiva dos produtos/serviços da mesma marca. É um tipo de negócio em crescimento, visto que há vantagens para franqueadores e franqueados.

Por um lado, o franqueado, aquele que recebe a concessão para comercializar de modo exclusivo a marca do franqueador, adquire um negócio pronto e testado. Geralmente, a marca é conhecida, exigindo menos esforço de comunicação por parte do franqueado e, com isso, já se tem uma ideia dos resultados que potencialmente serão alcançados. O risco de o negócio fracassar é minimizado e o apoio recebido pelo franqueado ajuda a tornar o negócio rentável, como treinamentos, materiais e orientações.

Por outro lado, também há desvantagens. As melhores franquias, com as melhores marcas, cobram preços bastante altos para conceder a licença, o que deve ser considerado no investimento. Além disso, o modelo de venda deve seguir um padrão pré-definido, dando pouca margem de manobra para o franqueado e que pode resultar em altos custos. Outra desvantagem é a presença de um chefe, o franqueador. O franqueado não possui liberdade sobre o seu negócio e depende de autorização do franqueador para realizar a maior parte das ações de marketing e vendas.

Sob o ponto de vista do franqueador, o *franchising* é um ótimo negócio. Em primeiro lugar, é uma expansão das operações sem investimentos, pelo contrário, recebendo pela expansão. Além disso, garante os pontos de vendas dos produtos e serviços da marca, bem como as vendas dos mesmos, afinal monta-se uma rede de compradores dos produtos e serviços do franqueador.

Mesmo assim, o franqueador depende essencialmente do bom desempenho do franqueado. Problemas de gestão pelo lado do franqueado, por exemplo, podem causar transtornos ao franqueador, que concentra seus canais de marketing e vendas nos franqueados. E como o franqueado é um terceiro, o franqueador não pode interferir ou controlar completamente seu parceiro.

Durante a pandemia, a maior parte das redes de franquias com operações físicas sofreu com as restrições impostas ao comércio. Inclusive, vários franqueados precisaram fechar as portas definitivamente. Coube aos franqueadores administrar esse momento crítico, renegociando taxas, repasses e cotas de produtos e serviços. Quem melhor geriu a sua rede de franquias passou esse momento de modo a preservar seus parceiros, aguardando o momento da retomada. Já franqueadores muito rígidos nas regras contratuais perderam franqueados e passaram por crises, algumas muito sérias.

Só que, com o retorno do comércio físico, vem ocorrendo uma procura mais acelerada por novos franqueados. Os franqueadores precisam preencher os espaços deixados por franqueados que não conseguiram ultrapassar a pandemia e muitos empreendedores enxergam nas franquias boas oportunidades de negócio. Percebe-se no pós-pandemia uma maior movimentação de negócios entre franqueadores e franqueados, justamente buscando aproveitar a retomada do varejo físico.

O *franchising* é uma parceria. Um bom desempenho de ambos resulta em ganhos para os dois lados. Sem dúvida, é um ótimo negócio, desde que o trabalho seja conjunto. Considerando o pós-pandemia, essa modalidade de negócio pode ser útil para franqueadores e franqueados aproveitarem o *boom* após o fim das restrições propiciadas pela pandemia. É o momento de se organizar para acolher os consumidores, o que dependerá de um trabalho proativo de franqueadores e franqueados.

INOVAÇÕES EM *SHOPPING CENTERS*

Pensando nos impactos da pandemia, um dos negócios mais diretamente afetados foi, sem dúvida, o setor de *shopping centers*. Muitos foram obrigados a fechar por extensos períodos e vários correm o risco de não resistir até o fim da pandemia. Dependendo exclusivamente das vendas das lojas que acolhem, além dos serviços agregados, como cinemas e praças de alimentação, a falta de consumidores causou um impacto profundo em um dos modelos de negócios mais exitosos das últimas décadas.

Com o aumento da vacinação e a diminuição das restrições, os *shoppings centers* precisarão trabalhar muito para recuperar o que perderam. As mudanças ocasionadas pela pandemia resultaram em um novo consumidor muito mais digital e que precisará ser reconquistado. É o momento do varejo físico e dos *shoppings centers* prepararem-se para receber os consumidores e fazer um esforço para que eles sempre retornem.

Nesse sentido, a palavra-chave parece ser a inovação. É preciso oferecer algo mais, pois competir com as tecnologias digitais, que conquistaram a vida das pessoas durante a pandemia, é uma tarefa árdua. Um caminho é transformar a experiência dos consumidores em *shoppings centers*, associando o mundo real com o digital. Espaços que ofereçam experiências diferenciadas pode ser um ótimo caminho, por exemplo, experimentando produtos e serviços.

Outra possibilidade é digitalizar os *shoppings centers*. Há diversas tecnologias que facilitam encontrar vagas e estacionar ou que orientam os clientes dentro do shopping. Até mesmo lojas de *e-commerce* dentro do shopping, permitindo uma experiência única, conectando o real ao virtual ou aproximando os consumidores da natureza, oferecendo espaços para isso. Além disso, desenvolver promoções criativas e diferentes que favoreçam a permanência e constante retorno dos consumidores.

O importante é pensar em inovações, pois a disputa por clientes entre os varejo físico e virtual está cada vez mais feroz. Enquanto as lojas digitais pretendem manter os clientes que conquistaram, os *shoppings centers* querem recuperar os clientes que perderam. Sem inovações, o consumidor no novo normal deve permanecer no ambiente virtual. Por isso, o caminho inovador que os shoppings podem trilhar passa por oferecer experiências reais únicas aos clientes, algo que o ambiente digital ainda não consegue.

LOJAS DO FUTURO

Como será o comércio no futuro? Ainda há como inovar? As lojas físicas deixarão de existir? Bom, adianto que não tão cedo, mas está na hora de apostar em novidades, principalmente para atrair os clientes com necessidade de socializar após o fim do isolamento social e as medidas de controle da pandemia.

Um dos caminhos para as lojas do futuro é a união do físico com o digital, pois percebe-se a construção de um cliente *figital* — físico e digital. Deste modo, é preciso explorar os benefícios digitais e tecnológicos no comércio real e há várias possibilidades! Uma alternativa é oferecer experiências mais completas para os clientes, oferecendo demonstrações e testes de produtos e serviços. Um exemplo é a Nike, que montou em uma loja conceito, quadras e outros espaços para testar os produtos da marca. Sem dúvida, gera intenção de compra!

Outra alternativa é investir em automatização, usando a robótica e a inteligência artificial. As possibilidades são várias, desde reconhecer as demandas dos clientes, bem como ajustar estoques e preços. Existem muitas oportunidades para a automatização no varejo, como o auto checkout, que pode acontecer dentro ou até fora da loja. Já existem alguns supermercados que utilizam esse tipo de tecnologia, como o Walmart, por exemplo.

Ainda existem tecnologias futuristas raramente utilizadas, sendo uma delas a realidade virtual e aumentada. As potencialidades são inúmeras. Por exemplo, a realidade aumentada pode substituir os provadores de roupas e dimensionar uma roupa para ficar no tamanho exato do cliente, ao mesmo tempo que pode simular como seria a vida da pessoa após a compra. Fantástico! Além disso, existem vitrines digitais, usando recursos holográficos. Pense em como os clientes serão atraídos com esse tipo de vitrine, que, no caso de roupas e calçados, pode inclusive "vestir" a pessoa que está olhando a vitrine. Já imaginou? Até os vendedores poderão ser holográficos!

Alternativas não faltam e esse é o momento ideal para tentar algo novo e realmente inovador! Considerando a corrida dos consumidores para o varejo físico, é fundamental possuir atrativos para que os clientes optem pela sua empresa ao invés de outras e a tecnologia no comércio real pode ser o principal diferencial, concorda?

VAREJO FÍSICO E AMBIENTE DIGITAL

Muitos varejistas colocam o ambiente digital como um contraponto ao varejo real, o que é incorreto. **Os ambientes real e virtual caminham juntos** e devem ser utilizados por qualquer varejista, independente dos produtos e serviços vendidos.

Quem presenciou os primeiros meses de pandemia, irá concordar que o ambiente digital ganhou muita força, afinal os consumidores ficaram sem a opção de consumir no varejo físico. A migração para o ambiente virtual foi natural e a maior parte dos consumidores aprendeu a comprar em lojas virtuais e em *marketplaces*.

Esta consequência natural exigiu que a maior parte do varejo físico se digitalizasse e se virtualizasse. **Era uma necessidade: ou vai para o digital ou fecha as portas.** Assim, boa parte dos varejistas, mesmo os mais tradicionais, iniciaram uma atuação digital, desenvolvendo sites de *e-commerce*, redes sociais e aplicativos. Outros se inseriram em plataformas de intermediação de vendas, como Mercado Livre ou iFood.

No entanto, as restrições vêm sendo reduzidas, o que significa que o varejo físico volta com força, acolhendo consumidores muito dispostos a retornar à vida real e a consumir em lojas físicas e *shoppings centers*. O que não se encontra mais são os consumidores do passado. Construiu-se um novo consumidor, que experimentou os benefícios do ambiente digital e não os largará tão cedo.

O possível fim da pandemia, portanto, não deve decretar o fim das atividades digitais dos varejistas. Será um erro se assim for feito. Os varejistas, ao observarem o retorno de seus clientes para a loja física, não devem esquecer das suas estratégias digitais. Elas devem continuar e serem reforçadas, visto que o novo consumidor possui características *figitais*, ou seja, mescla seu consumo entre o ambiente real e virtual, aproveitando os benefícios providos por ambos.

Varejistas do mundo real, lembrem-se: invistam em suas estratégias digitais, pois isso ampliará os seus canais de vendas, o que permite aumentar a sua base de clientes. Sair do ambiente digital, ou mesmo abandoná-lo, poderá representar uma perda significativa de clientes. A recomendação é: amplie sua visão e construa uma estratégia que alie o real com o virtual, pois essa parece ser a tendência para atrair e reter clientes.

Considerando a realidade pós-pandemia, é fácil perceber que o varejo físico precisa se reinventar no novo normal. Potencialmente, o varejo pré-pandemia tende a desaparecer, surgindo um novo varejo físico, com consumidores diferentes. Isso requer inovação e o uso das variadas técnicas de marketing e vendas para adequar as lojas aos consumidores pós-pandemia. Portanto, reestruturar as lojas físicas é quase como uma **exigência do novo normal**, principalmente conectando os ambientes físico e digital.

10

DESENVOLVA (OU ATUALIZE) TODA A SUA ESTRATÉGIA DIGITAL

Um dos aspectos mais marcantes do período da pandemia foi a corrida das empresas para o ambiente digital. Essa virtualização foi necessária em virtude dos vários impedimentos impostos pela pandemia, como o isolamento social, o fechamento do comércio e várias outras ações para conter o vírus que se alastrava amplamente.

Foi um momento crítico para muitas empresas e o aprendizado teve de ser rápido! Varejistas tradicionais foram efetuar suas vendas no ambiente digital, iniciando uma forte competição com aqueles que já estavam nesse meio. O *delivery* passou a ser o meio mais utilizado para alcançar o consumidor. Consultas médicas passaram a ser a distância e as aulas também. Ou seja, uma revolução do modo de vida e de consumo.

Mais de dois anos depois do estopim, a pandemia parece caminhar para o seu final. E agora? Todo o esforço digital deve ser deixado de lado e devemos voltar para os tradicionais meios de venda? A resposta parece ser não, porque não há mais volta. Agora, existe um consumidor que aprendeu e se acostumou com o ambiente digital, o que exige novas estratégias e formas de agir. As empresas que se relacionam com consumidores, e mesmo aquelas que vendem para outras empresas, precisam desenvolver suas estratégias digitais. Como equilibrar o digital com o real?

Um dos aspectos mais importantes é efetivamente ter uma estratégia digital. Isto é, estabelecer objetivos, metas e políticas para investimento no ambiente digital. O que se quer alcançar com as ações digitais? Desenvolver uma estratégia formalizada é o primeiro passo. Depois, a busca por tecnologias. Há muitas opções, bem variadas, com diversos fins e exigências. A busca por tecnologias digitais adequadas ao negócio indica ser o próximo passo.

Tendo definido objetivos e tecnologias, chega o momento de se conectar com os clientes. Estabelecer canais de comunicação digital, bem como fazer chegar as informações aos clientes nas plataformas mais adequadas. Lembre-se, seu foco deve ser o cliente, especialmente suas preferências no meio digital.

O desafio atual é o desenvolvimento de uma estratégia de marketing híbrida, que contenha as virtudes dos ambientes real e digital. Possuir estratégias distintas confunde os clientes, assim como não dá a direção adequada às ações da empresa. Estamos em um processo de convergência do digital com o real e é preciso aproveitar as vantagens de ambos para desenvolver os negócios, resultando na captação e retenção de clientes.

TECNOLOGIAS PASSADAS, PRESENTES E FUTURAS NO MARKETING DIGITAL

Ao fazer uma retrospectiva das tecnologias existentes e potenciais para o desenvolvimento de uma estratégia digital, é possível perceber o quanto as tecnologias evoluem rapidamente. O surgimento de novidades é muito veloz e às vezes difícil de acompanhar. Por isso, é preciso estar sempre atento às novas tecnologias que permitem o desenvolvimento de estratégias digitais de marketing e vendas.

Olhando para o passado, vê-se que as primeiras estratégias digitais eram baseadas principalmente em e-mails marketing e *pop-ups*. As empresas investiam nessas ferramentas para se conectarem digitalmente com os seus clientes, mas isso é passado. Investir nessas estratégias, hoje em dia, parece ser um desperdício de recursos.

Atualmente, observa-se que uma estratégia digital apropriada está baseada em redes sociais, aplicativos e buscadores — especialmente, o Google. O investimento nessas mídias para sua presença digital é um imperativo atual. Inclusive, é preciso observar quais plataformas estão em evolução. Percebe-se, por exemplo, uma preferência pelo Instagram comparado ao Facebook, além de uma maior presença no Twitter também. E, obviamente, uma proliferação de aplicativos, com destaque a aplicativos de mensagens como o WhatsApp e o Telegram. Hoje, essas plataformas são a base fundamental para uma estratégia digital uniforme, resultando em uma mensagem única da empresa, seus produtos, serviços e marcas. **A integração digital é uma obrigatoriedade.**

Ainda é preciso acompanhar a evolução e olhar para o futuro. O que virá? No curto prazo, pode-se destacar uma maior importância do *big data*, da automação, do vídeo marketing, do relacionamento com *bots*, de podcasts, entre outras tecnologias mais recentes e que aos poucos são incorporadas às estratégias digitais. Em médio e longo prazo, é possível destacar a realidade aumentada e a holografia.

> Realidade aumentada: tecnologia que permite sobrepor elementos virtuais à nossa visão da realidade. Geralmente, integra elementos ou informações virtuais a visualizações do mundo real, utilizando recursos como sensores de movimento. O objetivo é adicionar elementos virtuais no ambiente real.
>
> Vídeo marketing: qualquer uso de vídeo como estratégia de atração e retenção de clientes. É uma maneira diferente de transmitir conteúdo e pode ser realizada em diversos canais e sob vários formatos. Incluir essa técnica na produção de conteúdo digital pode otimizar os resultados pretendidos.

Para propiciar uma experiência digital inesquecível aos consumidores, deve-se utilizar as tecnologias certas, que atraiam as atenções das pessoas e as façam aderir a tais tecnologias. Além disso, vale estar atento aos clientes e às tecnologias que eles adotam. Acompanhar e compreender as evoluções tecnológicas é um dos principais desafios da atualidade do profissional de marketing e vendas.

NOVIDADES TECNOLÓGICAS

Diariamente, surgem novidades tecnológicas que podem ser úteis para as atividades de marketing e vendas. É impressionante a rapidez no surgimento de novidades. Por isso, o acompanhamento dos profissionais da área deve ser quase diário, pois determinadas atividades digitais que aparecem sem grande alarde às vezes podem ser uma excelente alternativa de diferenciação em meio à concorrência.

Um exemplo é o *voice commerce*, no qual o cliente faz toda a compra usando comandos de voz. Entende-se que o uso da voz como meio de venda deve ganhar espaço nos próximos anos, visto que é muito mais fácil falar do que digitar. E as plataformas de comando de voz vêm evoluindo rapidamente. Assim, pode ser interessante investir nos assistentes de voz para sites, *marketplaces*, redes sociais e até mesmo aplicativos de mensagens. Pode ser uma alternativa de diferencial entre tantas ofertas, uma forma de facilitar as vendas de produtos e serviços e, claro, atrair a curiosidade dos consumidores.

Outra forma de vender, que não é exatamente uma novidade, mas ainda é pouco explorada, é o TikTok. Ao explorar vídeos e humor, empresas de variados tamanhos, especialmente as pequenas, podem abrir mais um canal de vendas. É claro que isso exigirá um esforço planejado para proporcionar conteúdo, mas o aplicativo tende a ser um importante meio de alcançar os clientes. Porém, é preciso respeitar as características dessa rede social. Por ser divertida e informal, a estratégia digital deve levar em conta o que esperam os utilizadores da plataforma. A ideia é vender e comunicar tendo por base o entretenimento. Apesar da existência do *TikTok for business*, esse ainda é restrito às grandes marcas, o que não impede que as demais empresas do mercado explorem o potencial dessa rede social muito peculiar.

O surgimento diário de novos meios digitais para o marketing e vendas, portanto, requer a atenção constante do profissional da área. É preciso testar novidades e observar seus efeitos nos públicos da empresa. O acompanhamento e teste de novas tecnologias pode fazer com que a empresa se destaque no mercado ao adotar tais novidades antes de seus concorrentes.

CONSUMIDOR *FIGITAL*

No intuito de desenvolver ou atualizar a sua estratégia digital, o primeiro passo é conhecer quem vai ser o seu foco, o seu consumidor. Porém, agora existe um novo consumidor, fruto do pós-pandemia: o **consumidor** *figital*.

Esse nome ainda pouco conhecido representa o consumidor em evolução. É certo que a pandemia resultou em uma convivência digital da maioria das pessoas, já que o consumidor aprendeu a lidar com o ambiente digital e, com o fim da pandemia, pode voltar ao ambiente real, mas ele volta diferente!

Um consumidor *figital* insere-se simultaneamente em dois mundos, um real e um digital. Ele considera as vantagens de cada ambiente em prol do seu consumo. É esperado, por exemplo, que o consumidor, quando vai ao ambiente real, tenha realizado pesquisas online, buscado alternativas e avaliado opções. Tal consumidor valoriza a convergência digital das empresas, pois **seu comportamento vislumbra os mundos real e digital como um só.**

Desconexões entre os ambientes real e virtual não serão bem aceitos pelo novo consumidor *figital*, o que se reflete nas estratégias de marketing das empresas, cada vez mais *omnichannel*, com múltiplos pontos de contato entre os consumidores e as empresas. As jornadas de consumo tendem a perpassar ambos os ambientes, real e virtual, se complementando. Por isso, um consumidor *figital*:

× Compara o real com o virtual.

× Está constantemente conectado.

× Prefere experiências de consumo híbridas.

× Começa sua jornada de consumo ainda em casa.

× Valoriza os aspectos interativos reais e virtuais.

× Está bem mais informado e busca conhecimento em tempo real.

× Espera experiências virtuais em ambientes reais e experiências reais em ambientes virtuais.

Sem dúvida, é um novo consumidor! Isso requer uma revisão e atualização das estratégias e táticas de marketing de todas as empresas. Ao se deparar com um novo cliente, as empresas precisarão se ajustar, tornando-se um novo tipo de empresa: a empresa *figital*.

O PODER DE COMUNICAÇÃO DAS REDES SOCIAIS

O Facebook nasceu como uma plataforma virtual que permitiu aos seres humanos se relacionarem com o mundo todo, encontrando pessoas cujo contato estava perdido e conhecendo um pouco mais de cada um. E, obviamente, tornou-se um meio de comunicação fundamental para todo tipo de empresa. Não há mais como desconsiderar o Facebook nas estratégias digitais das empresas, bem como a sua versão visual, o Instagram.

Ainda assim, as redes sociais não nasceram com o objetivo de fazer publicidade, seu intuito inicialmente era simplesmente oferecer um meio para que as pessoas se relacionassem. A publicidade surge depois, especialmente com a necessidade de sustentar financeiramente a plataforma digital das redes sociais em questão. Quando o Facebook foi criado, no início dos anos 2000, não se imaginava essa potencialidade para o mundo publicitário. Hoje, quase não se fala mais de publicidade — e posicionamento e comunicação de marca — sem redes sociais.

O poder de comunicação do Facebook (e do Instagram) vem sendo apropriado pelas empresas que querem alcançar seus atuais e potenciais clientes. Também serve para apresentar produtos e serviços e colher as opiniões dos utilizadores da plataforma. Antes do Facebook, não existia uma ferramenta tão poderosa para as empresas se comunicarem com seus clientes. É algo básico em qualquer planejamento de comunicação, pois a quantidade de usuários das redes sociais quase obriga aos anunciantes a fazer pesados investimentos nesse tipo de publicidade.

Hoje, as redes sociais não operam somente como um meio para a publicidade, são mais do que isso, são um canal de vendas importantes e que pode vir a rivalizar com o *e-commerce*. Se você pretende lançar produtos e serviços no mercado, aprenda sobre as múltiplas possibilidades do Facebook, Instagram ou de outras redes sociais que façam sentido com o seu público-alvo. Ou, uma recomendação melhor, busque um profissional de mídias digitais. Há vários no mercado altamente competentes e que podem tornar seu produto/serviço um grande sucesso.

CUIDADO COM A DEPENDÊNCIA DO DIGITAL

Em outubro de 2021, uma pane mundial tirou do ar duas das mais importantes redes sociais, o Facebook e o Instagram, além do aplicativo de mensagens mais popular, o WhatsApp. O impacto dessa falha global foi sentida por muitos, especialmente por empresas que hoje atuam diretamente nesses meios para realizar os seus negócios.

Naqueles poucos dias, diversos empreendedores declararam terem deixado de fazer negócios em virtude das plataformas e aplicativos inoperantes. Essa situação é um sinal de alerta, pois percebeu-se uma forte dependência de alguns negócios nos meios digitais de comunicação com os clientes. A questão principal é que, em virtude de bons resultados, variados tipos de negócios abandonaram outras formas de vendas para se concentrarem nas vendas por WhatsApp, Facebook e Instagram. Isso é um erro gerencial e uma escolha inadequada.

Não se deve abandonar canais de vendas simplesmente porque os resultados são abaixo do esperado. Focar somente em um canal de vendas é estar dependente dele e qualquer falha ou problema, pode colocar o negócio em risco. Tudo que é um só, como um produto, um vendedor, um fornecedor ou um profissional, é um gargalo na empresa. É arriscado, pois **na falta deste um você fica com nenhum**. Jamais dependa de um único canal de vendas. Pelo contrário, as boas práticas de marketing afirmam que o gestor deve desenvolver diversos meios de venda.

Se você se encontra nesta situação, ou seja, se você depende de um único canal de vendas, a sugestão é iniciar imediatamente o desenvolvimento de novos canais de vendas, reais ou digitais. Por exemplo, se você comercializa seus produtos/serviços exclusivamente nas redes sociais, está na hora de pensar em uma loja física, vendas por telefone ou até mesmo uma equipe de vendas. Porém, se você prefere manter a sua atuação somente no ambiente digital, o uso de *e-commerce* e de *marketplaces* parece ser o mais indicado.

O importante é não ficar refém de plataformas digitais e aplicativos. Apesar dos bons resultados atuais, isso pode mudar e causar problemas para o negócio em questão. Optar por vários canais, mesmo que alguns ainda não deem o resultado esperado, parece ser a melhor alternativa para as suas estratégias digitais.

O QUE NÃO FAZER NO MARKETING DIGITAL

O meio digital na atualidade tem sido muito visado como meio de captação e retenção de clientes. Pelo menos é isso que esperam os gestores que resolvem adotar o marketing digital, mas é preciso ter cuidado. A adoção de atividades digitais como uma das ações de marketing das empresas requer reflexão e planejamento, especialmente porque é um meio muito utilizado por praticamente todas as empresas do mercado.

Investir no marketing digital pode não gerar retorno quando se cometem alguns erros, que têm sido cada vez mais comuns. Aqui são listados alguns desses erros, que devem ser evitados para que o marketing digital dê o retorno esperado:

× Desenvolver atividades digitais sem uma estratégia digital: todas as atividades de marketing digital devem ser elaboradas sob as orientações de uma estratégia digital, com objetivos e acompanhamento de desempenho.

× Iniciar as atividades de marketing digital e esperar resultados rápidos: ao realizar atividades de marketing digital, deve-se focar no longo prazo, pois há muita competição neste meio e a consolidação da comunicação digital vem após contínuas atividades digitais, devidamente planejadas.

× Utilizar variados meios digitais sem estabelecer uma conexão entre eles: há muitas opções de plataformas digitais, como redes sociais, aplicativos de mensagens e sites. Em virtude disso, a comunicação realizada deve ser coerente e com linguagem única, conectando as várias plataformas em torno de uma comunicação digital uniforme.

× Desenvolver o marketing digital sem definir o público-alvo: anunciar nas redes sociais ou em outras plataformas digitais sem qualquer critério é um desperdício de recursos. Focalize as comunicações digitais para os grupos pretendidos, podendo utilizar, inclusive, impulsionamentos direcionados que alcancem o cliente potencial.

× Usar as plataformas digitais de modo informal: aplicativos de mensagens e redes sociais vem sendo usados de modo desestruturado e informal, sem registro de informações e histórico. As plataformas digitais devem ser utilizadas de modo planejado e estruturado, gerando informações e conhecimentos úteis para a tomada de decisão.

Estes são alguns erros muito presentes nas ações de marketing digital das empresas em geral. Lembre-se, primeiro elabore uma estratégia, pois será ela que conduzirá suas ações, evitando desperdiçar recursos e alcançar os resultados desejados.

DIA DAS CRIANÇAS: UM EXEMPLO DE ESTRATÉGIA DIGITAL DIRIGIDA

Vender produtos e serviços para crianças requer cuidados especiais. As crianças não possuem discernimento suficiente para fazerem escolhas apropriadas e, por isso, os fornecedores de produtos/serviços infantis precisam atuar com muita atenção, afinal existe uma legislação que regula as atividades de vendas de produtos e serviços para crianças.

Respeitando a legislação, é possível fazer um grande trabalho para alcançar tal público, especialmente no meio digital. É preciso pensar em como conquistar as crianças sem trazer qualquer prejuízo a elas. Lembre-se: a criança de hoje é o adulto de amanhã, ou seja, é um cliente futuro para muitas empresas. Pensando nas crianças e estratégias digitais, aqui vão algumas dicas importantes:

× Conquiste os pais e as crianças, pois ambos devem estar convencidos que a oferta é boa e não traz prejuízos às crianças.

× Utilize plataformas virtuais interativas, como o YouTube Kids e o TikTok.

× Usar gamificação pode ser uma ótima alternativa.

× Tenha atenção à forma de falar para não enganar as crianças.

× Faça ofertas que tragam benefícios para as crianças e seus pais.

✗ Capriche no visual, pois as crianças são atraídas pelas cores primárias.

✗ Reforce os benefícios, usando uma linguagem adequada para as crianças e seus pais.

✗ Ofereça experiências lúdicas, com realidade virtual e aumentada.

Ao desenvolver sua estratégia digital com foco no público infantil, primeiramente estude a regulamentação. Depois, pense em seus produtos e serviços, especialmente nos benefícios que eles trazem para as crianças. Pense também nos pais: se fosse para o seu filho, você compraria?

Mesmo assim, considerando a pandemia e o pós-pandemia, percebemos mudanças nas necessidades do público infantil, o que abre espaço para novos produtos e serviços. Isso se deve principalmente pelo ensino híbrido ou à distância e pela quarentena obrigatória. Como resultado, muitas crianças acabaram se virtualizando **muito mais rápido e muito mais cedo**.

Essas mudanças acabam gerando novas demandas e diferentes comportamentos de consumo, o que pode se refletir no futuro. **A virtualização infantil antecipada tende a impactar no adulto futuro** e a compreensão clara dessa mudança é um aspecto relevante a ser observado pelas empresas em geral, não somente por aquelas que atuam no mercado infantil. Dar atenção a essas reflexões pode fazer a diferença nas suas atividades digitais para este público muito especial.

CONVERGÊNCIA DO REAL COM O DIGITAL

Como lidar com os ambientes real e virtual simultaneamente? Como será a migração do digital para o real e o que será mantido em cada um? Esta questão tem sido um desafio enfrentado por boa parte das empresas que assumiram um papel digital no decorrer da pandemia e que hoje estão voltando ao mundo real. Ao mesmo tempo, algumas empresas 100% digitais também começam a considerar ir para o mundo real.

O primeiro aspecto da convergência do real com o digital é justamente ter um único padrão de comunicação. A comunicação no ambiente digital deve estar em linha com a comunicação do ambiente real, porque o consumidor, tendo olhado vários canais, tanto reais quanto digitais, deve ter a percepção de que a empresa é a mesma. O padrão de comunicação, as informações a serem passadas para os clientes e os feedbacks precisam ser coerentes. O que for falado no digital tem que ser coerente com o real e vice-versa.

Um dos aspectos mais críticos na convergência real com o digital é a questão do preço, porque o preço a ser praticado no digital pode ser menor do que o real, mas será que isso faz sentido para o consumidor? Hoje, é muito comum os consumidores, por exemplo, irem ao ambiente real para olhar produtos e irem ao ambiente digital para comprar, porque na loja física o preço é diferente e, muitas vezes, mais alto. A recomendação é que haja um alinhamento. Você não pode colocar a sua operação real e a sua operação digital como concorrentes, fazendo surgir uma espécie de canibalismo, ou seja, uma disputa por clientes pela mesma empresa em dois canais distintos.

Um terceiro aspecto importante são as ofertas, que devem estar em linha com os dois ambientes. Não há problema em ter produtos disponíveis somente no ambiente digital ou somente no ambiente real, mas será que o consumidor irá compreender essa perspectiva? Será que ele não irá ver a oferta no ambiente digital e ir ao ambiente real tentar comprar aquilo que viu? A tendência é que haja uma convergência, ou seja, que as empresas trabalhem com os seus ambientes real e digital de uma forma unificada, justamente para poder fazer ofertas amplas para os consumidores, propiciando a eles optar pelo canal que seja mais adequado ou por aquele que ele se sinta mais à vontade

Mais um aspecto importante, é a forma de transmitir a marca. A marca no ambiente digital é comunicada, muitas vezes, de uma forma diferente da comunicação da marca no ambiente real. A comunicação da marca, não só o aspecto visual, mas o aspecto verbal e, principalmente, as promessas da marca, têm de estar coerentes com esses dois ambientes. Ambos os ambientes não são competidores, mas cooperadores e colaboradores. A empresa vai estar somando esforços para alcançar os clientes por todos os meios e canais e, para isso, tem que ter um discurso único que transmita para o consumidor que a marca representa uma coisa só, independente do ambiente.

E, por fim, considerar o uso do ambiente digital dentro do ambiente real, por que não? Você pode muito bem ter o ambiente real mais como um *showroom* ou mostruário e a operação toda ser digital. Isso faz muito sentido especialmente em operações cujos montantes financeiros envolvidos em estoques sejam muito elevados ou que o giro dos produtos não seja tão alto. É uma alternativa interessante, fazendo com que exista essa convergência do real com o digital.

Portanto, deve-se oferecer experiências que sejam completas e amplas, ao qual os clientes possam fazer as escolhas deles, conforme for mais conveniente para eles. É preciso levar isso em consideração, especialmente no retorno às atividades presenciais no pós-pandemia, o que irá exigir uma estruturação de uma nova estratégia das organizações e das empresas de uma forma geral, exigindo essa conexão e convergência real/digital.

CONECTE A SUA COMUNICAÇÃO DIGITAL COM A SUA COMUNICAÇÃO TRADICIONAL

Para fechar a discussão sobre o desenvolvimento e atualização das estratégias digitais de uma empresa, é importante destacar que a comunicação digital deve estar em linha com a comunicação tradicional. Todo o processo de comunicação de uma empresa deve ser uniforme, independente do meio, seja ele digital ou tradicional.

O surgimento das plataformas digitais, desde o seu princípio, exigiu que as empresas ajustassem seu modo de se comunicarem com os seus públicos. Isso significou que a estratégia de comunicação da empresa precisava incorporar novos meios, aliando o tradicional com o digital. O que aparece em rádio e TV, por exemplo, deve ser coerente com o que aparece nas redes sociais e websites.

Essa integração deu origem a um novo mix de comunicação de marketing. Se antes a propaganda e a venda pessoal dominavam, o marketing direto, baseado na internet, veio a complementar e abrir novas possibilidades na comunicação da empresa com os seus clientes e demais públicos. Um dos principais ganhos foi a **comunicação bidirecional**, isto é, quando os clientes passaram a ter voz e meios de se comunicar diretamente com as empresas.

Isso resultou no ganho de importância do marketing de recomendação, que é o mais poderoso meio de atrair e reter clientes. Por outro lado, exigiu uma mudança de comportamento das empresas, que tiveram de organizar sua comunicação tendo por base os feedbacks dos clientes e consumidores em geral. Essa escuta por parte da empresa afeta sua comunicação, bem como suas atividades de marketing e vendas.

Assim sendo, o planejamento do mix de comunicação de marketing de uma empresa requer seguir alguns princípios importantes: unificação do discurso; comunicação verbal e visual sintonizada com clientes e com os meios de comunicação utilizados; foco nos públicos da empresa; e uso da marca como referência de integração da comunicação.

Em um cenário de pós-pandemia, que exige mudanças significativas em marketing e vendas, o profissional da área deve trabalhar na integração dos múltiplos canais de comunicação de uma empresa. O intuito é alcançar os clientes atuais e pretendidos, aproveitando o momento de mudanças gerado pelo novo normal. **O profissional que antes alcançar a integração tradicional-digital potencialmente terá melhores resultados.**

11

PLANEJE SUA COMUNICAÇÃO INTEGRANDO COMUNICAÇÃO DIGITAL COM COMUNICAÇÃO TRADICIONAL

Quando se trata de comunicação de marketing tradicional e digital, é sempre importante refletir sobre as consequências da pandemia para as atividades de mercado das empresas. Um dos aspectos mais acometidos pela pandemia foi justamente a forma que as empresas se comunicam com seus clientes.

A comunicação de marketing sempre teve como carro-chefe as mídias tradicionais, que eram utilizadas conforme a capacidade financeira das empresas: TV, rádio, *outdoors*, panfletos e outros. Até pouco tempo atrás, as mídias digitais atuavam mais como um complemento ou mesmo como um meio dos consumidores encontrarem as empresas.

Os recursos de comunicação eram divididos entre as várias opções de mídias conforme sua capacidade de gerar visibilidade e vendas. Tendo em vista que a maior parte dos consumidores tinha preferência pelo ambiente real em comparação ao virtual, o uso de mídias tradicionais por grande parte das empresas era o preferido e o uso das mídias digitais era utilizado especialmente em virtude dos seus custos reduzidos e alcance de determinados tipos de clientes.

Contudo, em março de 2020, chegou a pandemia e com ela, o distanciamento social, a quarentena obrigatória, fechamento do comércio e de vários tipos de serviços. A mídia tradicional, com exceção à TV, ficou distante dos consumidores. Foi nesse momento que a comunicação digital assumiu um papel prioritário nas estratégias de comunicação das empresas e presenciamos uma corrida para o digital sem precedentes.

O resultado disso foi uma nova forma de estabelecer os investimentos em comunicação de marketing. Tanto empresas, quanto consumidores, perceberam o poder da comunicação de marketing digital. E isso significa uma nova realidade, ou um novo normal, também nas comunicações de marketing. No direcionamento dos recursos, o digital ganhou relevância e hoje pode-se considerar um elemento obrigatório nas estratégias de comunicação de uma empresa. Já as mídias tradicionais perderam força e necessitam rever suas formas de atuação para reconquistar empresas e consumidores.

Agora, vemos um novo equilíbrio, com maior fragmentação das mídias e variados meios de alcançar os clientes. O desafio é repartir recursos escassos em variadas opções tradicionais e digitais da comunicação de marketing. Sem dúvida, esse é um dos desafios do profissional de marketing e vendas no contexto pós-pandemia.

O QUE É UM MIX DE COMUNICAÇÃO DE MARKETING?

Sendo uma das atividades mais tradicionais dos profissionais de marketing e vendas, a comunicação de marketing possui, como principal objetivo, transmitir ao mercado as ofertas das empresas. É pela comunicação de marketing que a empresa conversa com os consumidores.

De nada adianta possuir bons produtos e serviços, precificar corretamente, estabelecer bons programas de relacionamento, ofertar variados canais de vendas e distribuição se os clientes não souberem disso. A comunicação de marketing possui o papel de mostrar ao mercado o que é a empresa, o que ela faz, qual é a sua marca, quais são os seus produtos/serviços, onde eles estão à venda e assim por diante.

Nesse sentido, a comunicação de marketing é realizada por variados meios, conhecidos como o mix de comunicação de marketing. Esse conjunto pode ser dividido em tradicional e digital. Os meios de comunicação de marketing tradicionais contemplam TV, rádio, jornais, *outdoors*, folhetos, cartazes, equipes de vendas e promoção, e quaisquer outros meios não digitais. Já a comunicação de marketing digital começou com sites e e-mail marketing, evoluindo para hot sites, SEO, redes sociais, aplicativos, *inbound marketing*, entre outros. Existem diversos canais de comunicação de marketing e cabe ao profissional de marketing e vendas conhecê-los e fazer uso deles para estabelecer a comunicação da empresa com o seu mercado.

É claro que o uso do mix de comunicação de marketing requer o desenvolvimento de estratégias apropriadas que alcancem os clientes pretendidos. Fazer panfletagem em sinais de trânsito, abrir uma conta em rede social, anunciar na TV, sem qualquer critério geralmente resulta em desperdício de recursos. **Fazer comunicação sem planejar é jogar dinheiro fora.**

Por isso, deve-se conhecer o mix de comunicação de marketing e a finalidade de cada elemento do mix, pois quando se estabelece a comunicação da empresa com os seus consumidores, é necessário conhecer quais elementos do mix utilizar.

O QUE NÃO FAZER NO MIX DE COMUNICAÇÃO?

Quando se faz comunicação de marketing, é preciso ter alguns cuidados. Geralmente, fazer comunicação é uma atividade cara, que exige gastos relativamente altos. Por isso, é preciso evitar erros comuns em campanhas de comunicação. A maior parte das empresas reconhece a importância de se comunicar com o mercado, mas por vezes esquece que deve ser muito bem planejado, evitando desperdício de recursos e resultados ruins.

Para contribuir com vocês, aqui vão alguns alertas a serem levados em conta quando se busca fazer comunicação de marketing:

- ✕ Fazer comunicação sem qualquer critério ou objetivo. Por exemplo, fazer panfletagem em sinais de trânsito sem a certeza de que tal ação vai alcançar o público-alvo da empresa.
- ✕ Desenvolver atividades de comunicação genéricas e sem foco nos consumidores da empresa. Comunicar por comunicar geralmente não traz os resultados esperados.
- ✕ Fazer comunicação de marketing sem o apoio de profissionais de comunicação, que são especialistas em transmitir mensagens para o público-alvo da empresa.
- ✕ Escolher ações de comunicação de marketing pelos custos, pois nem sempre o que é mais barato vai gerar o resultado esperado.
- ✕ Não preparar a equipe de vendas para realizar comunicações adequadas aos clientes. Os vendedores são um dos principais elementos de comunicação de uma empresa.

× Desenvolver um discurso nas comunicações de marketing que não condiz com o real discurso da empresa.

Os erros listados aparecem com frequência nas atividades de comunicação de muitas empresas, especialmente aquelas que não possuem um departamento de comunicação. Desenvolver as comunicações de marketing requer atenção e foco para trazer os resultados esperados, pois se forem bem feitas, o potencial retorno tende a ser elevado.

COMUNICAÇÃO DE MARKETING E O COMPORTAMENTO DO CONSUMIDOR

Quando utiliza-se a comunicação de marketing, o principal objetivo é influenciar o comportamento do consumidor. Quando são enviadas mensagens aos consumidores, a pretensão é sensibilizar os clientes atuais e potenciais para criar sentimentos favoráveis aos produtos, serviços e marcas que são comunicados, mas que tipo de efeitos a comunicação de marketing pode gerar? Destaco alguns:

× Consciência: um dos objetivos das comunicações de marketing é fazer o consumidor tomar consciência da existência do produto, serviço ou marca. Ao comunicar ao mercado o que a empresa tem a oferecer, os consumidores passam a estar conscientes da existência dos produtos, serviços e marcas da empresa.

× Conhecimento: as comunicações de marketing servem para dar conhecimentos aos consumidores, ao demonstrar, por exemplo, para que servem os produtos e serviços de uma empresa, bem como os benefícios de uma aquisição.

× Simpatia: realizar comunicações de marketing pode ter como finalidade gerar a simpatia dos consumidores quanto aos produtos, serviços e marcas comunicadas. Consumidores que estabelecem um sentimento de simpatia com as ofertas da empresa tendem a comprar quando sentirem necessidade.

× Preferência: as comunicações de marketing podem ter como efeito a preferência dos consumidores pelos produtos, serviços e marcas. Ao comunicar mensagens persuasivas, os consumidores podem preferir o que foi comunicado em detrimento de produtos, serviços e marcas concorrentes.

× Convicção: as mensagens emitidas pelas comunicações de marketing podem eliminar as dúvidas dos consumidores e deixá-los convictos de que podem comprar o produto, serviço ou marca comunicados sem qualquer receio.

× Compra: as comunicações de marketing podem atingir seu principal objetivo, a realização da compra pelos consumidores. Mensagens atrativas, geralmente associadas a preços, podem ser o fator de decisão do consumidor pela compra do produto ou serviço.

Quando a empresa se propõe a fazer comunicação de marketing, ela antecipadamente deve definir que tipo de efeito espera. Esse objetivo previamente definido vai conduzir a forma de fazer a comunicação de marketing, incluindo audiência alvo, mensagens, canais de comunicação, entre outros. Tudo parte do efeito esperado pela comunicação de marketing.

A EQUIPE DE VENDAS COMO ELEMENTO DA COMUNICAÇÃO DE MARKETING

A equipe de vendas é um dos elementos de comunicação de marketing que muitas vezes é esquecido pelas próprias empresas ou gestores de marketing. Afinal, o vendedor é um dos principais comunicadores de uma empresa, visto que é ele quem conversa diretamente com os clientes.

Em sua rotina, o vendedor conversa pessoalmente ou por telefone com os clientes, pois o seu trabalho não é somente vender, mas também comunicar a empresa, suas marcas, seus produtos e seus serviços. Esse trabalho de comunicação do vendedor, por ser esquecido muitas vezes, não é bem preparado, resultando em comunicações inadequadas ou incorretas por parte dos vendedores. Situações como essa ocorrem porque o vendedor busca a venda, não sendo devidamente preparado para comunicar o que a empresa tem a oferecer para o mercado, sendo este é papel do gestor de marketing e vendas.

O gestor de marketing e vendas é quem prepara o discurso de um vendedor quando ele está frente a frente com o cliente. Não é necessário montar um script para o vendedor, pois a comunicação, quando padronizada, se torna automatizada, o que não é apreciado pelos clientes. Por isso, é preciso orientar o vendedor sobre as informações que ele deve comunicar, mas não a exata maneira ou abordagem em que ele deve fazer isso.

A dica é preparar um conjunto de frases e termos que os vendedores devem, em discurso próprio, utilizar quando estiverem falando com os clientes. O vendedor precisa, construindo com as suas próprias palavras, comunicar corretamente o que a empresa faz, o que as marcas têm a oferecer, o que os produtos e serviços trazem como benefícios aos consumidores e clientes de uma forma geral. Esta é a comunicação mais persuasiva e direta que a empresa pode fazer junto aos seus clientes. O vendedor é uma pessoa e essa pessoa comunicando para outra tende a ser mais facilmente escutada do que uma propaganda na TV, um anúncio em rádio ou mesmo uma publicação nas redes sociais.

Por isso, o gestor de marketing e vendas deve-se construir um discurso único, porém não padronizado. Como comentado, padronizar discurso significa automatizar o processo, o que não é favorável para um atendimento único para cada cliente. **O vendedor, portanto, é o principal comunicador de uma empresa**. Se esse comunicador estiver bem preparado, é muito provável que os clientes compreendam as ofertas da empresa e, por consequência, tenham interesse nos seus produtos ou serviços.

Por outro lado, em virtude das restrições impostas pela pandemia, os vendedores tiveram de mudar sua forma de se comunicar com os seus clientes. Precisaram adotar ferramentas digitais, não somente aplicativos de mensagens, mas também realizar negócios em plataformas de reuniões a distância e falar mais ao telefone do que pessoalmente, só para citar alguns exemplos. Ocorreu uma migração para os meios digitais, perdendo-se um pouco do mais importante diferencial do vendedor: o contato *face-to-face*.

Tais mudanças exigiram um novo e importante aprendizado do vendedor, tanto no manuseio das ferramentas virtuais, obrigatórias durante a pandemia, quanto no discurso usado, buscando mostrar aos clientes as vantagens e benefícios dos produtos e/ou serviços ofertados. Isso se refletiu no gestor de marketing e vendas, que precisou adaptar o discurso de sua equipe de vendas, para que as capacidades dos vendedores fossem aproveitadas com a mesma eficácia do contato direto e pessoal.

No pós-pandemia, fica esse aprendizado. Alguns clientes gostaram tanto das novas formas de comunicação virtual, que mantiveram sua utilização mesmo com o fim da pandemia. Outros não abrem mão do contato direto. As equipes de vendas precisam adquirir mais competências do que era necessário antes da pandemia. Agora, **além das habilidades de vendas e negociação, requer-se também habilidades de comunicação digital** para grupos de clientes que dão preferência a recursos virtuais para a realização de suas compras.

COMUNICAÇÃO DE MARKETING E CAPTAÇÃO DE CLIENTES

Um dos principais objetivos da comunicação de marketing das empresas, sem dúvida, é atrair clientes. As empresas vão para o mercado no intuito de conquistar e reter clientes, sendo que a comunicação de marketing exerce papel muito relevante nesse quesito. Por isso, desenvolver comunicações de marketing é uma atividade estratégica das organizações do mercado. Falar com os clientes, emitindo mensagens para atraí-los e conquistá-los, bem como abrir canais para escutá-los, deve fazer parte da estratégia de mercado de todas as empresas.

Entre os canais de comunicação mais eficazes para atrair clientes, destaca-se a equipe de vendas. Tal equipe possui uma importante vantagem comparado a outros canais, pois faz a escuta individualizada dos clientes atuais e potenciais, podendo realizar ofertas sob medida para atrair e reter consumidores. O vendedor é e sempre será um comunicador.

É claro que outros canais de comunicação exercem poder de persuasão na conquista de clientes. Atividades de propaganda, de promoções de vendas e de mídia digital, se bem utilizadas, podem se refletir em captação de clientes, pois o mix de comunicação trabalha em conjunto para esse propósito. Deste modo, focalizar as estratégias de comunicação de modo convergente faz com que as mensagens das empresas alcancem os clientes, abrindo espaço para a conquista e retenção dos mesmos.

Portanto, como recomendação final, é preciso planejar estrategicamente as comunicações de marketing de uma empresa, conectando as várias mídias, alinhando as mensagens a serem emitidas, contando com a equipe de vendas como o elemento central na conquista e retenção de clientes. Esse trabalho conjunto tende a se refletir em melhores desempenhos de mercado, levando uma empresa ao sucesso.

A PROPAGANDA COMO COMUNICAÇÃO DE MARKETING

Entre os elementos da comunicação de marketing, a propaganda sempre teve destaque. A propaganda exerce um papel fundamental no mercado e sua importância é reconhecida amplamente. O que seria das empresas e clientes sem as propagandas? Os clientes não teriam noção que a empresa existe, não conheceriam os seus produtos, serviços e marcas que hoje fazem parte da nossa vida, nos entregando benefícios, fazendo nossa vida melhor.

A propaganda mostra-se muito relevante para as empresas. Ela tem o papel de comunicar o que a empresa faz e o valor que ela tem a entregar para o mercado. De nada adianta uma empresa desenvolver produtos e serviços que agreguem valor aos clientes, com preços adequados e variados canais de vendas, se não avisar aos clientes. É aí que entra a propaganda, ela consolida o trabalho da empresa, mostra aos clientes, ao mercado e à sociedade o que é a empresa, o que ela faz, as contribuições de seus produtos, serviços e marcas.

Observando o contexto pandêmico, percebeu-se que as propagandas também sofreram impacto. Sem dúvida, as propagandas que usam como canais mídias de rua perderam força, como *outdoors*, *busdoors* e panfletagem. Por outro lado, mídias como rádios e principalmente TV ganharam importância, visto que ocorreram vários momentos de quarentena obrigatória. O interessante é que as propagandas tiveram de se aliar aos meios digitais, isto é, a necessidade remeter aos canais digitais para a realização do consumo pelas pessoas.

Propagandas com temas que estimulavam a preocupação com a saúde, com o próximo, incentivando cuidados para minimizar os impactos da pandemia foram grandes destaques. Aliado a esse discurso, percebeu-se que as propagandas buscaram comunicar formas de consumo seguras, direcionando os consumidores para que utilizassem ferramentas como aplicativos, *QR Codes* e *e-commerce*. O varejo físico, especialmente, precisou mudar sua abordagem, chamando os clientes para seus canais digitais.

Além de tudo, **a propaganda informa, diverte, faz rir e chorar**, faz as pessoas tomarem consciência do que existe, faz criar simpatia com produtos, serviços e marcas, além de estimular a preocupação coletiva em tempos difíceis como a atual pandemia. Como seria a vida sem as propagandas que ficaram registradas na nossa memória? Por todos esses motivos, tem-se de reconhecer que o mundo seria incompleto se não existissem as propagandas.

POR QUE É COMUM CONFUNDIR MARKETING COM PROPAGANDA?

Muitas pessoas entendem que marketing é propaganda por um motivo simples: é a forma como as pessoas que estão fora da empresa enxergam a empresa. Ou seja, elas veem o marketing da empresa a partir da propaganda que a empresa faz e, por causa disso, muitas pessoas entendem que marketing é propaganda, ou seja, que fazer marketing é fazer propaganda, mas isso não é bem verdade. **Propaganda é marketing? Sim, mas marketing não é só propaganda.**

A propaganda é uma das formas de comunicação que a empresa faz com o mercado e, a partir desse tipo de comunicação, transmite aquilo que a empresa tem a oferecer para o mercado. Fazer marketing é muito mais do que fazer propaganda. Fazer marketing é desenvolver produto, fazer relacionamentos, entregar qualidade, precificar, desenvolver canais de vendas, entre outros. Ou seja, o marketing é uma área de conhecimento e ao mesmo tempo uma área funcional das empresas, exercendo múltiplas atividades

A própria comunicação de marketing não é só propaganda, você pode se comunicar com o mercado por meio dos vendedores, atividades promocionais, eventos, pode fazer relações públicas ou ainda uma série de atividades digitais. Todas essas formas servem para conversar com o mercado, sejam os clientes ou consumidores de uma forma geral, sejam quaisquer outros tipos de atores que participam desse processo. O marketing tem muito mais a oferecer do que simplesmente fazer a comunicação da empresa com o seu mercado e a propaganda é uma das formas de se comunicar com o mercado. Não é porque você não faz propaganda que você não faz marketing.

Absolutamente todas as empresas fazem marketing, independente se ela tem fins lucrativos ou não ou se ela é pública ou privada. Todas as empresas possuem atividades de marketing que são realizadas nos mais variados formatos. Tudo dependerá de quem é o cliente da empresa e que tipo de atividades devem ser realizadas pelos profissionais de marketing para atender as demandas desses clientes. A propaganda é um meio de comunicação utilizado para avisar ao mercado o que a empresa tem, seus produtos, serviços e marcas. De nada adianta ter um produto muito bom, com um preço muito adequado e disponível em variados meios de vendas se as pessoas não souberem disso.

É compreensível o porquê de as pessoas confundirem marketing com propaganda: afinal, é a forma das pessoas verem o marketing da empresa. Lembrando, a propaganda é um dos elementos do mix de comunicação de marketing, mas, como já explicado, não é só deste modo que se conversa com o mercado.

CAMPANHAS DE COMUNICAÇÃO DE DESTAQUE QUE INTEGRAM O TRADICIONAL COM O DIGITAL

Por muito tempo, a comunicação de marketing se voltou para os modelos tradicionais de mídia. Com o surgimento e posterior crescimento do ambiente digital, se comunicar com o mercado a partir de plataformas digitais começou a ganhar importância. No pós-pandemia, a integração da comunicação de marketing nos modelos online e offline indica ser o caminho.

Com a perda de força da mídia tradicional em virtude das restrições impostas pela pandemia, bem como a aceleração do ambiente digital, com diversas novas possibilidades, fazer comunicação digital tornou-se obrigatório. E algumas empresas vêm se destacando nessa conexão real-virtual. A Spotify, por exemplo, empresa totalmente digital, comunica suas campanhas em ambientes reais, utilizando *outdoors*, anúncios em ruas e estações de transporte público. Ou seja, ela não somente se comunica com seus clientes pelo ambiente digital, como muitos poderiam imaginar, mas também vai para o mundo real, mostrando uma integração entre o digital e o real. O importante é que toda a comunicação é integrada, visual e verbalmente.

A Netflix tem feito o mesmo. O uso de *outdoors* e TV aliado às várias plataformas digitais fazem com que os consumidores recebam variados estímulos, de diversas fontes. Nas redes sociais, é interessante observar o impacto de tais campanhas em mídias tradicionais de empresas totalmente digitais. Lembrem-se que a comunicação digital tende a ser fragmentada em virtude da quantidade de empresas que se comunicam por esse meio. Já a mídia tradicional, por ser mais cara, limita a quantidade de anunciantes, o que traz destaque aos que anunciam.

Portanto, é fundamental levar em conta todos os tipos de mídia, tradicional e digital. Quando se utiliza somente um tipo, a comunicação da empresa com o mercado não é completa. Deve-se estrategicamente explorar o mix de comunicação de marketing, integrando as várias mídias com a utilização do mesmo discurso.

SERÁ O FIM DAS MÍDIAS TRADICIONAIS?

Há anos observa-se que vários players importantes da mídia tradicional vêm sofrendo com reduções significativas de assinantes e anunciantes. O grupo Abril, a rede Bandeirantes e a rede Globo são alguns exemplos significativos. As quedas de receita estão diretamente relacionadas às mudanças de comportamento das pessoas, que passaram a consumir digitalmente os produtos antes ofertados pelos grupos de mídia tradicional.

E, para acelerar o processo, veio a pandemia, que favoreceu a adesão digital da maioria das pessoas. A maior parte da sociedade voltou-se para o meio digital em virtude das restrições impostas para conter o vírus que se espalhava, o que significou um duro golpe para as mídias tradicionais. Basta ver, por exemplo, as várias ações de redução de custos da rede Globo, muito destacadas pela mídia em geral.

Será o fim das mídias tradicionais? Se for considerar os formatos atuais, a resposta parece ser sim. Não é possível mais imaginar a maior parte das pessoas lendo jornais e revistas impressos ou assistindo somente TV aberta, por exemplo. A digitalização da sociedade, acelerada pela pandemia, parece ser um caminho sem volta. Busca por notícias, informações e conhecimentos passam quase que obrigatoriamente pelos meios digitais, como sites de busca, redes sociais e aplicativos.

O caminho das mídias tradicionais indica ser a digitalização das suas atividades, mas aí há outro problema: as mídias digitais são excessivamente fragmentadas e os montantes financeiros arrecadados são muito menores quando comparado com as mídias tradicionais. Esse desafio vem sendo enfrentado pelas empresas de mídia tradicional e há de se buscar soluções. Uma alternativa parece ser a convergência da mídia digital-tradicional.

A utilização de recursos digitais nas mídias tradicionais pode ser a saída para os tradicionais grupos de comunicação, por muito tempo acostumados a receberem grandes somas para anunciarem produtos, serviços e marcas. Recursos como *streaming*, TV interativa, realidade aumentada e virtual tendem a ser opções para as atuais mídias tradicionais. Só que não será um caminho fácil, pois rentabilizar as operações dependerá das formas encontradas para captar recursos financeiros junto a anunciantes e consumidores. Esse é realmente um grande desafio imposto aos gestores de empresas de mídia tradicional!

> TV interativa: nova forma de comunicação, aproveitando a conectividade das TVs à internet por meio de Wi-fi. Essa conectividade permite a realização de atividades de comunicação por meio da TV, como a realização de ofertas durante programas de TV. Representa uma tendência futura de mídia.

DICAS PARA FAZER COMUNICAÇÃO TRADICIONAL

Por muito tempo, a comunicação de marketing utilizando mídias tradicionais era limitada às empresas com alta capacidade financeira. As opções não eram muitas e eram caras: TV, rádio e jornais impressos. Contudo, os tipos de mídia foram sendo diversificados, multiplicando as formas de alcançar os consumidores e estimulando-os a conhecer e comprar produtos e serviços.

Hoje, existem diversos meios de comunicação que não são tão caros, assim como os valores envolvidos nas mídias mais tradicionais estão mais adequados à realidade de empresas de variados tamanhos. Busdoor, flyers, anúncios em ambientes públicos, utilizando cartazes e adesivos, distribuição de panfletos em sinais de trânsito, entre outras formas de fazer comunicação não digital são algumas possibilidades para alcançar os consumidores.

> Busdoor: tipo de comunicação de marketing que utiliza o ônibus como meio de comunicação. Por apresentar mobilidade, é uma espécie de outdoor móvel, que apresenta grande visibilidade, sendo muito útil para comunicar produtos, serviços e marcas.
>
> Flyer: impresso promocional, normalmente pequeno, que serve para comunicar uma mensagem única. O termo refere-se a "algo que voa", já que é uma maneira de fazer comunicação simples de forma massificada, com imagens impactantes e mensagens simplificadas. Pode ser chamado também de panfleto ou filipeta.

Para fazer boa comunicação offline, aqui vão algumas dicas:

- ✕ O primeiro aspecto a levar em conta é a audiência-alvo: quem você quer alcançar? Todas as decisões devem levar em conta esse aspecto.
- ✕ Antes de fazer comunicação, estabeleça objetivos claros e mensuráveis, pois todo o investimento deve ter retorno previamente definido.
- ✕ Contrate um profissional para desenvolver as mensagens para a sua audiência-alvo. Somente um comunicador profissional sabe como desenvolver uma mensagem eficaz, que seja compreendida pelo receptor da mensagem.
- ✕ Seja criativo e escolha as formas mais atraentes de se comunicar, chamando a atenção da sua audiência-alvo. Pense em como se comunicar com eles de modo a atrair atenções.
- ✕ Defina antecipadamente um orçamento, pois depende desse montante a escolha dos canais de comunicação que serão utilizados.
- ✕ Escolha canais de comunicação que mais facilmente atinjam a sua audiência-alvo, desde que adequadas ao seu orçamento.

✗ Avalie o desempenho das suas atividades de comunicação, o que pode ser feito acompanhando comentários em redes sociais ou fazendo pesquisa junto a clientes.

Para o pós-pandemia, primeiro será preciso observar as mudanças comportamentais dos clientes para depois escolher os meios de comunicação mais adequados. A comunicação tradicional também mudou em virtude da pandemia. Será preciso observar que estímulos atraem consumidores no novo normal. Isso se refletirá nas mensagens a serem transmitidas, bem como nos canais de comunicação a utilizar. Reaprender a fazer comunicação tradicional de marketing é um dos atuais desafios dos profissionais da área.

Ao desenvolver as atividades sugeridas, aumenta-se a probabilidade da eficácia das comunicações de marketing. É importante lembrar que fazer comunicação sem uma estratégia bem definida tende a resultar em desperdício de recursos e pouca efetividade. As atividades de comunicação de marketing exigem atenção e planejamento, pois são dispendiosas. Porém, seus efeitos são incontestáveis, fazendo valer o investimento caso seja realizada adequadamente.

O PAPEL SOCIAL DA COMUNICAÇÃO DAS EMPRESAS

Aspectos como proteção ao meio ambiente, diversidade de raça, de gênero, entre outros assuntos, cada vez mais fazem parte das temáticas das comunicações de marketing, exercendo um duplo papel: comunicar produtos, serviços e marcas das empresas e, ao mesmo tempo, contribuir para o desenvolvimento da sociedade.

Marcas como Boticário, Natura, Avon, Coca-Cola, Skol, Gol, Elma chips, Magnum e Netflix utilizam suas comunicações de marketing para estimular a inclusão e a representatividade ao se comunicarem com os seus públicos. É visível que mesmo marcas mais tradicionais vêm aderindo ao discurso social no intuito de ampliar as discussões sobre diversidade. Esse é o papel social da comunicação de marketing.

Tais comunicações geralmente são muito influentes. É interessante observar marcas como a Skol assumindo que foi machista no passado, a Avon trazendo modelos com diferentes padrões de beleza e o Boticário reconhecendo os diversos tipos de casais na sociedade atual. Sem dúvida, é um avanço nas comunicações de marketing, pois a temática da diversidade é muito atual e mobiliza discussões necessárias.

É claro que tratar de assuntos polêmicos pode gerar algum receio em marcas e empresas, mas isso vem sendo vencido com cuidado e delicadeza. A sociedade vem evoluindo e isso tem sido retratado nas campanhas de comunicação de grandes empresas e marcas. Há também um outro aspecto: minorias são segmentos de mercado e muitas empresas já focam neles. Ou seja, é o social e o econômico andando juntos, algo que beneficia a todos.

As comunicações de marketing devem acompanhar a evolução social, pois alinhar o discurso da marca, seus produtos e serviços, com temas muito atuais tende a ser uma relação ganha-ganha. Ganha a empresa, ao atrair as atenções para sua marca, e ganha a sociedade, pois favorece a evolução do pensamento social.

E isso deve estar apoiado na **integralização entre o digital e o tradicional**. Não há mais como direcionar os esforços de comunicação somente para um dos dois meios. Vê-se muitas empresas entrando no mercado com investimentos em comunicações de marketing exclusivamente digitais. Não é o correto. Deve-se aliar o tradicional com o digital para alcançar os consumidores em várias frentes, desenvolvendo estímulos para atraí-los.

12

ELABORE UM DETALHADO PLANO DE CAPTAÇÃO DE CLIENTES

O novo normal é o principal produto destes mais de dois anos de pandemia. E a mudança no comportamento dos consumidores de modo geral não está fora desta nova normalidade. Esta profunda mudança exige uma revisão aprofundada nas técnicas utilizadas pelas empresas na captação de clientes, pois se o cliente mudou, as empresas também precisam mudar os seus procedimentos.

Nas estratégias de captação de clientes, um dos principais desafios das empresas está em compreender como o novo cliente obtém informações e faz escolhas. Assim sendo, um passo inicial para prospectar e captar novos clientes requer fazer pesquisas de mercado. As pesquisas realizadas antes da pandemia já não são inteiramente válidas, visto que capturam as informações do antigo consumidor. Por essa razão, vale realizar novas pesquisas e um redesenho dos comportamentos dos clientes em uma nova realidade.

A partir dessas descobertas, o passo seguinte será uma revisão nas técnicas adotadas para captar clientes. Potencialmente, algumas delas não terão mais o mesmo efeito, o que requer melhorias a partir dos resultados das pesquisas. É preciso, por exemplo, reforçar as técnicas digitais de prospecção e conquista de clientes, visto que a maior parte dos consumidores aprendeu a se relacionar com o ambiente virtual.

Considerando o redesenho das técnicas de captação de clientes, o passo seguinte será testá-las. Será que terão o mesmo efeito de antes da pandemia? Por enquanto, essa é uma pergunta sem resposta. O certo é que criatividade e muita reflexão tendem a ser necessárias nesse momento, especialmente no desenvolvimento das novas técnicas de captação de clientes. Possivelmente, não dará mais para confiar nas velhas técnicas de prospecção de consumidores.

É essencial, portanto, uma profunda revisão e análise dos procedimentos adotados pelas empresas para atrair clientes. Mesmo os atuais clientes precisam ser reconquistados, utilizando técnicas criadas a partir do pós-pandemia. As empresas que antes conseguirem desenvolver essas novas técnicas devem ganhar mercado, principalmente atraindo clientes de concorrentes.

PLANEJANDO A CAPTAÇÃO DE CLIENTES

A captação de clientes aparece como prioridade das empresas, especialmente em momentos de queda de faturamento. Algumas obtêm ótimos resultados, outras não alcançam o que pretendem. Por que essa diferença? Resultados ruins de captação de clientes, provavelmente, estão ligados ao planejamento dessa importante atividade.

A falta de planejamento na captação de clientes tende a ser o principal motivo para resultados abaixo do esperado. O gestor lança a necessidade de captar novos clientes e pede à sua equipe de vendas para fazer o esforço de encontrar clientes para ampliar o faturamento da empresa, mas se esse esforço não for feito de forma organizada, poucos novos clientes serão obtidos. Então, como fazer tal planejamento?

O primeiro passo é definir claramente quem é o cliente que se quer conquistar. Caracterizar o potencial cliente irá fazer com que a equipe de vendas saiba quem procurar, o que impede que os vendedores, principal recurso de captação de clientes, tentem captar qualquer um, sem critério. Ao definir quem é o cliente objetivado, ficará mais fácil captá-lo.

Tendo definido o cliente que se pretende conquistar, o passo seguinte é estabelecer objetivos. Quantos novos clientes? Qual é a qualificação deles? Esse segundo passo é fundamental para dar uma direção às equipes de vendas, pois eles terão clara noção se estão indo em direção aos objetivos pretendidos. Não definir objetivos de captação de clientes tende a ser um problema, pois jamais se saberá se os novos clientes captados são suficientes ou não.

O terceiro aspecto é preparar um argumento que convença os potenciais clientes a se tornarem clientes da empresa. Preparar propostas especiais e um bom discurso apresentando o que a empresa vende

158 Marketing e vendas no pós-pandemia

pode ajudar a despertar o interesse dos clientes em potencial, uma vez que abordar clientes sem um discurso previamente preparado pode aumentar o número de recusas.

Esses passos iniciais contribuem para facilitar o trabalho do captador de clientes, seja um vendedor ou um pré-vendedor. Ao planejar como deve ser feita a conquista de novos clientes, esses profissionais se sentirão mais seguros em abordar os futuros clientes, sendo muito mais capazes de obter resultados positivos com essa tarefa.

> Pré-vendedor: tipo de vendedor cuja principal atividade é captar clientes potenciais, fazer contatos e abrir espaço para vendedores realizarem negócios. O trabalho principal do pré-vendedor é a prospecção de clientes.

BUSCAR CLIENTES É ATIVIDADE DO DIA A DIA

Buscar clientes deve ser uma atividade diária dos profissionais de marketing e vendas de uma empresa. Para ter sucesso nessa atividade, aqui vão algumas dicas:

- ✕ Peça indicações aos atuais clientes, pois é o jeito mais poderoso de conquistar novos clientes.
- ✕ Peça indicações também a parceiros de negócios, indicações mútuas são vantajosas para os dois lados.
- ✕ Tenha uma presença muito bem estabelecida na internet, especialmente website, sites de busca e redes sociais.
- ✕ Olhe para os clientes dos concorrentes e traga para você aqueles insatisfeitos com a concorrência.
- ✕ Faça prospecção a frio, ou seja, literalmente, vá atrás de clientes, assumindo uma postura ativa e oferecendo para quem pode ter interesse.
- ✕ Construa a imagem e aparência dos seus produtos/serviços/marcas e exponha ao mercado, tendo como objetivo atrair a atenção dos clientes. Seja visto, pois quem é visto, é lembrado.
- ✕ Faça comunicação e divulgue o que quer vender, pois quanto mais comunicar, mais se tornará conhecido.
- ✕ Faça parcerias, por exemplo, com associações patronais e laborais e tente captar clientes por meio dos parceiros.

Considerando as mudanças propiciadas pela pandemia, revisar os processos de captação de clientes parece ser muito necessário. É preciso reconhecer as alterações propiciadas pelo novo normal, como a mudança de importância dos atuais clientes. Alguns clientes se tornaram mais importantes do que eram anteriormente, já outros não são mais tão fundamentais. Também ocorreram mudanças de parceiros de negócios, de concorrentes, de canais digitais, de forma de contato com clientes, entre outros.

Com todas essas mudanças, é natural que processos de captação de clientes anteriores à pandemia tornem-se desatualizados, o que exige uma revisão completa do que era feito antigamente. Aproveite as dicas para ver quais se adequam melhor ao seu negócio na atualidade e busque novos clientes.

CONQUISTAR CLIENTES É SEMPRE NECESSÁRIO

Ter clientes é o primeiro problema de uma empresa. Deste modo, captar clientes deve ser uma competência muito bem desenvolvida por toda e qualquer empresa, especialmente as *startups*, que buscam um espaço no mercado. Conquistar clientes é uma atividade desafiadora. Nem sempre é fácil tornar um potencial comprador em cliente da empresa. Mostrar a potenciais clientes os benefícios que eles teriam ao comprar da sua empresa continua sendo um desafio a ser superado, sempre!

Só que essa atividade não pode se basear somente em intuição, nem mesmo deve-se sair tentando vender para qualquer um, sejam consumidores ou empresas. É preciso encontrar os clientes certos, pois é mais fácil vender para quem tem interesse em comprar e sempre há quem se interesse. A partir daí, é preciso achar tais clientes em potencial.

Não tem segredo, é preciso estudar e treinar. É preciso buscar os conhecimentos certos para exercer a arte de captação de clientes. Um treinamento muito útil refere-se a segmentar mercados, observar as potencialidades de cada um e desenvolver uma argumentação adequada para mostrar o que a empresa tem a oferecer, demonstrando como isso se encaixa nas demandas dos potenciais clientes. Tais habilidades só se aprendem estudando e praticando. São raras os profissionais que possuem essa habilidade sem qualquer formação prévia.

Além disso, será que as pessoas vão compreender quem é a sua empresa? A resposta para essa pergunta requer construir um posicionamento e uma imagem no mercado. Pessoas e empresas, de modo geral, ao olharem para seus produtos/serviços, sua marca e sua empresa, devem ter uma noção clara do que ela representa, o que tem a oferecer e, principalmente, no que é superior a eventuais concorrentes.

Na pandemia, percebeu-se que muitas empresas precisaram levar clientes especificamente para o ambiente digital. Diversas empresas criaram os seus próprios aplicativos e, para levar os clientes para esse novo espaço, foram realizados variados esforços, como: cupons de desconto, descontos exclusivos, desconto na primeira compra realizada no aplicativo, entre outros benefícios. Lojas Americanas, McDonald's e Magalu foram alguns destaques nesse segmento, mas, às vezes, o esforço é em vão.

Sem um processo bem definido, que determine o tipo de cliente a captar, pode-se desperdiçar recursos. Antes de sair atrás de clientes, seja para um novo negócio, seja para um novo tipo de canal de vendas, desenvolver segmentação, posicionamento e imagem é fundamental. Principalmente considerando um ambiente de pós-pandemia, que foi nomeado como "novo normal". Ou seja, é **um novo mercado, que exige novos estudos e conhecimentos.**

Portanto, se a ideia é captar clientes, busque conhecimentos em segmentação e pesquisa de mercado, construção de posicionamento e imagem no mercado. Uma das tarefas mais importantes de qualquer empresa é saber selecionar os clientes a conquistar. Com o devido treinamento e conhecimento, em um novo contexto, a empresa poupará recursos, fazendo ofertas a quem realmente tem interesse em ser cliente da empresa.

LEADS E PROSPECTS

Quando se fala em prospecção de clientes, dois termos vêm fazendo parte desse universo: *Leads* e *Prospects*. São termos em inglês que estão diretamente relacionados a potenciais clientes a serem captados. Usualmente, esses termos são usados nas empresas, mas muitas pessoas desconhecem o significado e as diferenças de cada um.

Os *Leads* são eventuais interessados no que a empresa tem a oferecer. Palavra muito popular no meio digital, os *Leads* não são só digitais, apesar de hoje ser o meio digital a melhor forma de alguém registrar o interesse nas ofertas de uma empresa. Quando identifica-se alguém que possui algum interesse por aquilo que a empresa oferece ao mercado, chama-se esse interessado de *Lead*. Assim, o primeiro passo da captação de clientes é obter *Leads*, ou seja, interessados. Basta um nome e uma forma de contato.

Após o contato com os *Leads*, alguns podem se transformar em *Prospects*. O termo *Prospects* refere-se a potenciais clientes, que possuem interesse pelas ofertas da empresa, bem como capacidade de comprar. É uma evolução dos *Leads* iniciais. Quando tem-se um *Prospect*, há uma chance real do negócio acontecer, pois o *Prospect* é mais que um interessado, é um possível cliente com intenção de comprar.

Deste modo, para iniciar a captação de clientes, primeiro é preciso gerar muitos *Leads*. Isso se faz na internet — com formulários em websites ou redes sociais — e também no corpo a corpo, ao realizar prospecção a frio — oferecer os produtos/serviços de uma empresa ao público em geral para captar interessados. Com uma lista de *Leads*, faz-se a qualificação de cada um, a partir de contatos iniciais, como telefone, e-mail ou WhatsApp. Esses contatos irão resultar no descarte de vários *Leads*, geralmente a maioria, mas o restante tende a se transformar em *Prospects*. O passo seguinte é focar os esforços nos *Prospects* para transformá-los em clientes efetivos.

Pense que você pretende lançar uma novidade no mercado, por exemplo. Para que as pessoas conheçam, você faz muita divulgação, utilizando preferencialmente comunicações tradicionais e digitais. Para que consiga obter *Leads*, você precisa criar algum canal que registre o interesse das pessoas. No meio tradicional, é mais difícil, você pode pedir para interessados entrarem em contato. No meio digital, isso é mais fácil, você divulga algumas pistas da novidade e pede para a pessoa fornecer dados de contato para conhecer os detalhes de tal novidade. São as *landing pages*. Algumas pessoas irão ignorar, outras irão fornecer os dados.

Em seguida, você fala com todos os que te contataram ou que ofereceram seus dados, afinal mostraram alguma faísca de interesse, mas a maioria vai conhecer sua novidade e se desinteressar. Porém, uma parte vai mostrar um interesse especial. Aqui, você conquistou um *Prospect*, que é tudo o que você quer. Seus esforços estarão neles, tentando transformá-los em clientes efetivos.

Lembre-se que é um funil, muitos *Leads* geram *Prospects*, que geram alguns clientes. Por isso a geração de *Leads* é tão importante. Em resumo: quer captar clientes? **Gere muitos *Leads* e transforme parte deles em *Prospects*.**

> *Landing pages:* de modo simplificado, são páginas cujo objetivo é coletar os dados de potenciais clientes. Geralmente, utilizam-se formulários para os potenciais clientes preencherem que resultam em troca de algum material de interesse do potencial cliente.

TÉCNICAS DE CAPTAÇÃO DE CLIENTES

Captar clientes é primordial em qualquer negócio, afinal, os clientes são os que sustentam a nossa operação: **se você tem clientes, o resto você dá um jeito.** Captar clientes é uma atividade que deve ser diária, constante e rotineira na vida de todo profissional de marketing e vendas.

Geralmente os novos clientes estão dentro de casa, pois conversando com eles e até pedindo indicações, você pode encontrar novos clientes. Além disso, os parceiros de negócios podem ser grandes alternativas de captação de clientes. Um exemplo: o vendedor de café que faz amizade com o vendedor de filtro de café, uma vez que são produtos diferentes que podem estar se ajudando mutuamente. Os parceiros de negócio, especialmente aqueles que desenvolvem produtos e serviços complementares ao seu, podem ser relevantes alternativas de atração e captação de novos clientes.

A partir do momento que você já olhou internamente, para a sua base de clientes e olhou para os seus parceiros de negócio, você precisa começar a olhar para fora. Hoje, a técnica principal está localizada nos buscadores de internet, como o Google. Por essa razão, você precisa ter uma boa estratégia para ser achado, afinal, a maior parte das pessoas recorre ao Google quando está precisando procurar algum produto ou serviço que não sabe onde encontrar.

Por outro lado, uma técnica mais tradicional é olhar para os concorrentes. A concorrência muitas vezes deixa espaço para que a empresa atraia os clientes deles. Existem concorrentes que muitas vezes ficam descuidados com relação ao atendimento e à atenção dada aos clientes. Essa é uma grande oportunidade para trazer tais clientes para sua empresa.

Outra técnica tradicional é a prospecção a frio, ou seja: fazer uma lista de potenciais clientes e fazer contato com cada um para ver no que dá. Essa técnica pode ser bastante desgastante, pois não é uma das atividades das mais fáceis. Afinal, o cliente não te conhece, não sabe quem você é e não confia em você, mas se a cada dez contatos você conseguir um cliente, já é um resultado positivo. Então, a prospecção a frio é tão importante quanto as demais, mas é a mais desafiadora das técnicas de captação de clientes e, em função disso, é preciso ter uma boa estratégia e um bom argumento.

Além disso, você pode investir fortemente na sua imagem. Por exemplo, se você tem um ponto comercial, você pode investir em visualização, em placas ou mesmo em uma mídia tradicional, como *outdoor*, TV e rádio. Muitos dos casos de novos clientes não são exatamente você que os encontra, mas eles que encontram você. Então, invista fortemente em mídia justamente para você ser lembrado, visto e conhecido. Não somente mídias tradicionais, mas sua localização, seu ponto comercial, sua marca e imagem atraem clientes.

Ao aplicar tais técnicas, cada empresa, dentro da sua realidade, irá observar que uma ou outra estratégia é mais eficaz. Isso é natural. Em alguns casos, a indicação irá funcionar melhor, em outros, a busca na internet ou a própria mídia. Sendo assim, observe quais são as formas mais eficazes para atrair novos clientes para o seu negócio e, claro, invista fortemente nelas.

DICAS PARA CAPTAÇÃO DE CLIENTES

Captar clientes deve ser uma tarefa diária do profissional de marketing e vendas, mas desenvolver atividades para adquirir novos clientes requer preparo e planejamento. A captação de clientes, cada vez mais, se torna difícil, pois a concorrência só cresce e não surgem tantos novos clientes diariamente. Então, não se pode desperdiçar as oportunidades que surgem para atrair e conquistar novos clientes. Algumas ações permitem facilitar a captação de clientes:

- × Tenha clareza nas características dos clientes que quer conquistar, fazendo o trabalho de captação ser mais assertivo.
- × Busque os clientes a conquistar em lugares improváveis e pouco óbvios, especialmente onde a concorrência não vai.
- × Seja criativo e pense em bons argumentos para conquistar os novos clientes, principalmente se eles já são clientes de seus concorrentes.
- × Faça da captação de clientes uma tarefa rotineira, pois clientes novos são sempre necessários. Evite buscar clientes só quando é necessário.
- × Tenha certeza que dará conta de atender aos novos clientes, pois não podem ocorrer problemas de atendimento logo no início da relação com os clientes conquistados.

✗ Prepare um bom atrativo para conquistar os clientes potenciais, pois será preciso um esforço adicional para atraí-los.

Essas dicas simples, se aplicadas com as técnicas descritas, podem melhorar a efetividade da captação de clientes. Considerando que a pandemia mudou o mercado, reformular os argumentos de vendas e revisar as características dos típicos clientes da empresa favorece a conquista de novos clientes no novo normal.

CAPTANDO CLIENTES DOS CONCORRENTES

Como abordado anteriormente, uma das estratégias de captação de clientes é olhar para os clientes de seus concorrentes. Sempre há clientes não muito satisfeitos com seus concorrentes, bem como clientes dispostos a experimentar novos fornecedores. Pode ser uma boa alternativa ampliar sua base de clientes, especialmente no pós-pandemia, que abriu espaço para os consumidores testarem novidades.

Para essa atividade de atrair clientes da concorrência ser eficaz, é preciso desenvolver um bom plano, sendo criativo na forma de abordar os clientes e fazendo propostas atraentes. Se você se preparar para captar clientes dos seus concorrentes, é provável que tenha sucesso. Seguem algumas dicas para te ajudar a atrair os clientes da concorrência:

✗ Estude os seus concorrentes e conheça seus pontos fracos para poder explorá-los junto aos clientes da concorrência.

✗ Desenvolva o perfil dos clientes de seus concorrentes para identificar o que pode ser feito para que ele migre para você.

✗ Descubra as motivações dos clientes para comprar dos concorrentes, lembrando que esse fator é o que faz o cliente continuar procurando a concorrência.

✗ Prepare ofertas especiais e exclusivas para os clientes dos concorrentes, preferencialmente ressaltando pontos cujos concorrentes são mais fracos.

✗ Tenha em mente que parte dos clientes não irá querer trocar de fornecedor. Aceite isso, pois são clientes leais aqueles que não trocam de fornecedor mesmo em situações críticas.

✗ Evite falar mal dos concorrentes e focalize-se no que você tem a oferecer melhor que a concorrência, mas sem falar deles.

✗ Dê atenção especial aos clientes que foram trazidos dos concorrentes por você, pois eles abriram mão do antigo fornecedor e preferiram você. Valorize isso!

Ao agir conforme descrito, a probabilidade de atrair clientes da concorrência é maior. E fica uma dica final: veja se você não está cometendo erros junto aos seus clientes, pois nesse caso serão seus concorrentes que vão atrair os seus clientes. Valorize não somente os novos clientes, mas todos os que consomem da sua empresa.

O QUE NÃO FAZER PARA CAPTAR CLIENTES

É sempre bom saber o que não fazer. Ao observar variados trabalhos de prospecção de clientes em empresas, enxergamos diversos erros que resultam em desperdício de recursos, como dinheiro e tempo. Aqui vão alertas para que não ocorram erros, tornando a captação de clientes efetiva. É claro que não estão aqui todos os erros, mas foram listados os mais comuns:

× Tentar recuperar clientes inativos: clientes inativos já deixaram de ser clientes, não adianta insistir. Geralmente, tentar recuperá-los é difícil e caro, sendo que normalmente não dá resultado.

> Cliente inativo: clientes que já compraram da empresa, mas não compram mais e por isso são inativos. Geralmente, são clientes que deixaram de comprar por algum problema, pela concorrência ou porque não demandam mais o que compravam.

× Prospectar clientes sem critério: sair atrás de clientes sem saber exatamente quem deve ser captado faz o profissional de captação de clientes perder tempo e se frustrar tentando vender para quem não vai comprar.

× Forçar a venda para clientes novos: os clientes novos requerem atenção e cuidado, logo, forçar a venda pode não somente não resultar na captação de clientes, mas também pode gerar sentimentos negativos no cliente potencial.

× Fazer a mesma oferta para todos os clientes potenciais: ao buscar captar clientes, alguns profissionais da área padronizam propostas. Isso é um erro, pois cada cliente possui demandas específicas e que requerem ofertas personalizadas.

× Não identificar as necessidades de um cliente novo: ao abordar um cliente potencial, deve-se escutá-lo. Alguns profissionais começam apresentando empresas e produtos/serviços, sem reconhecer antecipadamente os interesses dos clientes potenciais.

× Falar mal da concorrência: ao captar clientes: é comum profissionais da área falarem mal de concorrentes para justificar a adesão do cliente à empresa. Erro básico, pois lembra o cliente da existência da concorrência e o cliente potencial pode desconfiar da seriedade do profissional de captação de clientes.

É preciso ter atenção a essas ações muito comuns, erros que são repetidos por empresas em geral há décadas. Ao organizar adequadamente a atividade de captação de clientes, provavelmente os resultados serão acima do esperado.

O VENDEDOR COMO CAPTADOR DE CLIENTES

Como conseguir um vendedor que seja bom em prospectar clientes? Bem, essa é uma das perguntas mais frequentes sobre captação de clientes, mas não é simples de responder. Além disso, possui relação com outra pergunta também frequente: como achar um vendedor competente?

Muitas empresas esperam contratar vendedores prontos, competentes e preparados para vender muito, conquistar clientes, construir relacionamentos e muito mais. Este é um sonho difícil de se tornar realidade. Primeiro, há pouca e rara formação específica para vendedores. Segundo, grande parte das pessoas não quer trabalhar em vendas por diversas razões, como medo do fracasso, medo de vender, pressão ou dificuldades de comunicação. Na verdade, essa lista é bem longa. Por outro lado, há muita necessidade de vendedores em qualquer empresa. Lembre-se, são eles quem fecham negócios e trazem o dinheiro para a empresa.

Então, respondendo às duas perguntas: **o caminho é formar o vendedor internamente.** Desenvolver um ou mais profissionais permite construir o vendedor que a empresa precisa. Oferecer conhecimentos e experiência, sem pressão inicial, tende a dar um ótimo resultado a longo prazo. Se o foco for prospectar clientes, essa deve ser a direção dada ao profissional em formação, mas não é interessante esperar resultados antes de alguns meses. A formação de um vendedor leva tempo e não é rápida. Além disso, é preciso escolher o profissional com a atitude certa, o sujeito disposto a trabalhar com vendas, o que às vezes não é fácil de achar.

O outro caminho é buscar o vendedor pronto, preparado, competente no mercado, podendo ser na concorrência ou em outros setores, mas é preciso saber que esse profissional não é barato. Altas competências em vendas resultam em altas remunerações, afinal o profissional investiu em sua carreira em vendas, fazendo cursos, ganhando experiência e formando sua carteira de clientes. **Quer um vendedor capaz de prospectar clientes? Forme ele!** O resultado costuma ser excepcional.

O DESAFIO DAS *STARTUPS*: CAPTAR CLIENTES

Diariamente, vê-se novas *startups* surgindo no mercado. São muitas novidades e boas ideias se transformando em negócios. Impressiona como as pessoas são capazes de criar e desenvolver novas possibilidades de negócios. O foco em soluções de problemas de mercado tem fomentado a criatividade de potenciais empreendedores e feito surgir muitas empresas quase que diariamente.

Contudo, ter uma boa ideia ou propor uma solução viável não é garantia de que a *startup* irá prosperar. Há um elemento muitas vezes pouco considerado pelos potenciais empreendedores: o mercado. É preciso ter clientes para que o negócio se sustente e prospere. E aí está um dos principais desafios dos *startups*: captar clientes. Não basta reconhecer uma boa oportunidade ou ter uma boa ideia, se o mercado — leia-se potenciais clientes — não comprar a ideia. É preciso encontrar clientes suficientes para sustentar financeiramente a *startup* e esta tarefa não é fácil.

Em primeiro lugar, é preciso desenvolver um discurso, com argumentos fortes, que convençam potenciais clientes a aderirem aos produtos ou serviços da *startup*. Por ser uma novidade, as resistências são maiores e as vendas são mais difíceis. Por outro lado, captar clientes é vital para aumentar as chances de sobrevivência e desenvolvimento da *startup*. Assim sendo, a recomendação principal é a elaboração de um detalhado plano de captação de clientes, aproveitando os conhecimentos oferecidos aqui, o que valoriza a *startup*, especialmente no que se refere a atrair investidores. Ao desenvolver uma estratégia para atrair e conquistar clientes, automaticamente a *startup* passa a valer mais. Não dá para contar com faturamentos futuros sem saber claramente como será a captação de clientes.

Portanto, a recomendação às *startups* é desenvolver um planejamento de captação de clientes o mais detalhado possível, o que passa por definir o perfil do cliente pretendido (a *persona*) e o que precisa ser feito para atraí-lo. Junto a isso, desenvolver os argumentos de vendas, respostas para eventuais dúvidas, bem como o reconhecimento de como alcançar esses potenciais clientes. Tendo mais certeza de que a *startup* é capaz de atrair clientes, investidores sentem-se mais confortáveis em injetar recursos na empresa.

Há variados exemplos de empresas que nasceram como *startups* e que se transformaram em grandes empresas devido a sua capacidade de atrair clientes. Existem exemplos brasileiros, como a PicPay, a Madeira Madeira e a Nubank, bem como gigantes internacionais, como a Amazon, a Apple, a Google, a Uber, a Netflix e a Starbucks. **Deve-se destacar que a maior parte das empresas nasce como uma *startup*, mas ela somente se torna um sucesso quando é capaz de obter clientes!**

O NATAL COMO OPORTUNIDADE DE CAPTAÇÃO DE CLIENTES

Sendo o principal momento de vendas do comércio, o Natal revela bem mais oportunidades que simplesmente as vendas que são realizadas neste período. É aí que muitas empresas falham. O período de Natal é ótimo para captar novos clientes, ávidos por novidades, boas ofertas e ótimas opções para presentear. É nesse período que muitos consumidores resolvem experimentar novos produtos e serviços, comprar de empresas das quais nunca compraram e efetuar testes com novas marcas e inovações.

É preciso valorizar esse momento. Todo novo cliente requer ser devidamente identificado, buscando reconhecer seus hábitos de consumo e suas preferências. O período de Natal favorece o cadastramento de novos clientes, que podem se tornar clientes frequentes ao longo do ano seguinte. Só que muitas empresas desperdiçam esse momento. Fazem a venda essencialmente transacional, ou seja, o que importa é aquele negócio, não importando o futuro.

Profissional de marketing e vendas, aproveite esse momento de grande volume de clientes para conhecer, mesmo que superficialmente, quem está comprando da sua empresa. Estabeleça um início de relação, que continuará ao longo do ano seguinte, aprofundando o conhecimento dos clientes.

De que adianta ter um bom Natal e um ano ruim em seguida? Portanto, oportunidades como essa devem ser aproveitadas, não somente para vender, mas principalmente para captar novos clientes e executar um bem elaborado processo de retenção de clientes na sequência.

Outro elemento interessante a ser analisado no Natal é verificar se os clientes de outros natais voltaram a comprar da empresa. Ou seja, se o trabalho anterior de captação de clientes na época de natal deu resultado. Será que os clientes voltaram? Pensando nisso, o Natal também pode ser um ótimo momento para iniciar o registro de novos clientes e lembrar deles no próximo Natal ou até antes.

Ou seja, é uma das melhores épocas para captar clientes, pois a maioria dos consumidores está muito propensa a gastar, comprar e consumir. Vai perder a oportunidade? Programe-se para registrar todos os clientes que visitarem a loja nesse período, o que pode ajudar muito a formar uma base de clientes.

Ao desenvolver essa base de clientes, você pode trabalhar junto a eles para que se tornem clientes frequentes. Depois desse momento movimentado e até conturbado, você poderá fazer contato com os clientes e conhecê-los e saber de suas preferências. O que acha de perguntar qual foi o resultado da compra que ele fez? Sinceramente, não conheço varejistas com essa atitude tão favorável à satisfação dos clientes. Portanto, fica a dica: registre os clientes que comprarem de você nesse período natalino. Faça seu Natal se estender ao longo do ano, pois ao construir relações com os clientes natalinos pode ampliar a sua carteira de clientes.

"EM BUSCA DA FELICIDADE": UM EXEMPLO DE CAPTAÇÃO DE CLIENTES

Sobre a temática captação de clientes, há um filme inspirador, que pode ser considerado um dos melhores filmes de vendedores já produzidos. A maioria das pessoas conhece o famoso longa chamado *Em Busca da Felicidade* (2006), com o astro Will Smith e seu filho, Jaden Smith, que retrata uma história real.

Talvez muitos tenham visto o filme como uma história triste e comovente, mas deve-se também olhar para as habilidades de vendas do herói representado por Will Smith. Primeiro, um vendedor obstinado, que não desiste. Assumiu o compromisso de vender um produto difícil, com um mercado muito restrito. Não é qualquer um que encara uma dessa. Realmente, já é um herói só por ter conseguido vender um lote de equipamentos médicos muito peculiares e específicos. O que mais me chamou atenção foi a vontade dele de ser um profissional de Wall Street. A determinação em conquistar a vaga na empresa — possivelmente, uma corretora de valores —, se sujeitando a ser estagiário não remunerado, realmente merecia um filme.

Claramente, quem estava selecionando o único contratado após o estágio, testou a capacidade de todos de captar clientes. E nisso, o herói do filme dá uma aula. Merece ser visto com olhos de vendas e marketing. Ele busca em sua pouca rede de contatos as melhores possibilidades. Aproveitando que por um tempo vendeu equipamentos médicos, se foca nesse grupo para captar seus futuros clientes de investimentos. Chegou inclusive a ir jogar golfe — sem ter um mísero dólar — só para conhecer potenciais clientes e fazer a captação, distribuindo cartões e conversando com cada um. O resultado não podia ser outro e ele foi contratado, pois foi quem mais conseguiu trazer clientes para a empresa. Sucesso absoluto!

Esse filme mostra um pouco de como as empresas e o próprio mercado valorizam a captação de clientes, bem como profissionais com esse tipo de competência. Dica: desenvolva conhecimentos sobre isso, saiba captar clientes e estude a respeito. Tenho certeza que será valorizado no mercado!

"DO QUE AS MULHERES GOSTAM": MAIS UM FILME SOBRE CLIENTES

Anos atrás, foi lançado um divertido filme com Mel Gibson e Helen Hunt, intitulado *Do que as Mulheres Gostam* (2000). Para quem não conhece, o longa retrata a história de um publicitário que tinha feito grande sucesso no passado e vinha em decadência, pois suas campanhas publicitárias não mais apresentavam o resultado esperado. Publicidade precisa dar resultado, caso contrário os anunciantes deixam de investir.

A história começa no momento em que o herói do filme, interpretado por Mel Gibson, busca uma promoção e disputa a vaga com outra publicitária, vivida por Helen Hunt. Em um acidente no banheiro, algo que só a realidade cinematográfica permite, o protagonista passa a escutar o pensamento das mulheres. Aí começa a diversão. Sinceramente, seria muito bom se quem trabalha com vendas e marketing tivesse o poder do protagonista para escutar clientes atuais e potenciais.

O protagonista percebe que muito do que ele supunha saber sobre as mulheres era completamente equivocado. Existia uma importante diferença sobre o que as mulheres do filme pensavam e o que ele achava que elas pensavam. Esse é um erro comum em marketing e vendas, especialmente cometido por vendedores que buscam captar novos clientes. Os vendedores acham que o cliente quer uma coisa e muitas vezes o que o cliente quer é outra, completamente diferente. Há muitos vendedores e profissionais de marketing que acham que sabem o que os consumidores pensam. Isso é um equívoco.

Se o objetivo é conquistar novos clientes, o primeiro passo é saber o que os potenciais clientes pensam. Não há suposições, é preciso perguntar, afinal ninguém tem os poderes do herói vivido pelo Mel Gibson. Não faça suposições, pergunte, pergunte e pergunte. Se você souber o que seus atuais e potenciais clientes pensam, fica muito mais fácil conquistá-los. Essa é a dica: aprenda a perguntar! E, claro, saiba registrar as informações e usá-las a seu favor, para conquistar clientes e realizar grandes negócios. Aproveite e assista aos dois filmes, seja para se divertir ou se comover, seja para retirar algum aprendizado!

CAPTAÇÃO DE CLIENTES E METAVERSO

Sempre surgem novas possibilidades de captar clientes. O ambiente virtual tem sido especialmente rico em oferecer alternativas para encontrar clientes potenciais. Isso já aconteceu com o próprio ambiente de internet — por exemplo, buscadores — chegando às atuais redes sociais e aplicativos.

Agora surgiu uma novidade: o metaverso, uma espécie de universo virtual 3D. Para alguns, é o futuro da internet. O metaverso ficou muito em evidência após o fundador do Facebook, Mark Zuckerberg, anunciar a mudança de nome de sua empresa para Meta. Ele e seus colegas do Meta acreditam que o metaverso é a maior revolução na maneira como acontecem as interações online desde a invenção do *smartphone*.

A ideia de que as pessoas irão interagir com a internet como se estivessem dentro dela é talvez a maior novidade dos últimos tempos, mas o que isso tem a ver com a captação de clientes? O surgimento de novos ambientes virtuais normalmente resulta em mudanças de comportamentos dos indivíduos e toda mudança gera um novo tipo de cliente.

Claramente, o metaverso se mostra uma grande oportunidade para empresas de realidade virtual, como produtoras de jogos, mas vai além. As pessoas poderão ter uma vida virtual e remota, utilizando avatares para representarem a si mesmos. Os usuários poderão trabalhar e colaborar, participar de eventos e trocar dinheiro real por mercadorias e serviços virtuais, entre outras facilidades.

O importante é ficar atento: se o metaverso realmente vingar, como acredita Zuckerberg, serão abertas muitas oportunidades, oferecendo possibilidade de empresas do mundo real captarem clientes nesse ambiente virtual aberto. Portanto, é preciso acompanhar o desenvolvimento do metaverso, fazendo investimentos nisso se for o caso.

Não se pode ignorar novidades que venham das gigantes de tecnologia. É preciso observar se o metaverso será capaz de criar utilidade, fazendo com que a tecnologia faça sentido para as pessoas, como entretenimento, serviço ou para facilitar na execução de tarefas. Se as pessoas não enxergarem um propósito, a adesão tende a ser mais baixa. Para finalizar, levanto a questão: como você imagina que o metaverso irá criar utilidade para a captação de cliente?

Lembre-se: clientes garantem o futuro da empresa, afinal são eles os financiadores do negócio. Empresas que planejarem a captação de clientes no novo normal provavelmente vão registrar maiores ganhos e serão um destaque no mercado.

DICAS FINAIS

Para finalizar essa jornada, trago algumas dicas finais! Em primeiro lugar, é preciso conhecer e aprender continuamente sobre marketing. A área de conhecimento é uma das mais mal compreendidas pelas organizações, visto que geralmente a associam somente com a comunicação. Para muitos, fazer marketing é fazer propaganda, mas, como vimos, o marketing é muito mais do que isso. Envolve variados conhecimentos de áreas como administração, economia, psicologia, sociologia e estatística, só para citar alguns.

O marketing é um campo de conhecimento amplo e diverso e, geralmente, os profissionais da área se especializam em um aspecto como: marca, relacionamento, comunicação, digital, vendas, entre outros. E, para o marketing ser realizado plenamente em uma empresa, requer-se um grupo de pessoas com conhecimentos em áreas específicas do marketing. Sendo assim, não tente conhecer profundamente todo o marketing, mas tenha uma visão geral, reconhecendo os aspectos mais importantes para sua empresa. No seu segmento de mercado, a marca é um elemento importante? Então, estude sobre marcas e construa seus conhecimentos nesse aspecto especificamente. Sem deixar de conhecer o restante do marketing, você estará mais habilitado a construir e desenvolver uma marca.

A dica então é estudar marketing e vendas, sempre. Em um mundo tão dinâmico, no qual o mercado vive em constante mutação, os conhecimentos de marketing requerem ser atualizados continuamente. Trazendo para o pós-pandemia, que representou profundas mudanças nos negócios, os conhecimentos anteriores de marketing perdem sua validade e novos conhecimentos precisam ser desenvolvidos. Começa com a releitura do marketing contemporâneo, associando os conhecimentos existentes à nova realidade, ajustando as empresas ao novo mercado nascido após a pandemia.

As bases do marketing jamais mudaram, mas a sua aplicação requer compreensão do ambiente onde está inserida a empresa. No pós-pandemia, vê-se importantes mudanças no ambiente de negócios, o que exige estudar o marketing novamente. Afinal, mudaram os clientes, os concorrentes, os canais de vendas, as formas de comunicação, os efeitos das marcas, entre outros. Com tantas mudanças, é um novo marketing a ser conhecido e desvendado.

Aliado a isso, reúnem-se experiências já vividas. Apesar do pós-pandemia ser algo completamente novo e desconhecido pelo mercado em geral, experiências passadas sempre tendem a ser a base das decisões presentes e futuras. É preciso valorizar as experiências e aprender conhecimentos com elas, pois nem tudo se aprende estudando. Vivenciar as próprias experiências, bem como conhecer as experiências de outros pode contribuir com o desenvolvimento do profissional de marketing e vendas.

Porém não basta vivenciar experiências, é preciso refletir sobre elas. As reflexões sobre o que foi vivido e respectivos resultados, sejam eles positivos ou negativos, fazem com que tais experiências enriqueçam o repertório do profissional. Deve-se levar em conta que experiências positivas passadas não necessariamente darão certo no futuro, bem como experiências negativas já vividas significam que sempre irão falhar. As vivências servem para ajudar a resolver os problemas atuais e futuros.

Ao pensar no pós-pandemia, pode-se considerar que as ocorrências do passado de nada servem para a realidade atual. Isso não é verdade. Apesar do mundo ter mudado por causa da pandemia, muito do que foi vivido se aplica ao novo normal. Situações do passado podem ser trazidas à realidade e adequadas ao novo mercado. Uma estratégia de vendas que fracassou no passado agora pode ser muito útil, por exemplo. A vivência do fracasso anterior ajudará a melhorar e adaptar tal estratégia.

Um aspecto interessante a trazer refere-se às experiências virtuais das pessoas, algo que foi amplamente turbinado pelas medidas restritivas adotadas ao longo da pandemia, especialmente nos momentos mais críticos. Tais experiências precisam ser apropriadas pelas empresas para que suas ofertas no mercado levem em conta tudo o que o consumidor aprendeu ao longo desses anos de pandemia. Recomenda-se estudar essas experiências para adaptar o negócio a elas e, obviamente, utilizar as experiências da própria empresa, principalmente de seus profissionais de marketing e vendas, para avançar no mercado em um novo normal.

Deve-se exercitar continuamente as práticas de marketing, observando seus efeitos no consumidor pós-pandemia. É o momento de testar novas abordagens e novos arranjos de marketing e vendas. Deve-se arriscar, aplicando as técnicas de marketing e vendas e avaliando resultados. Esse exercício pode mostrar oportunidades às empresas, especialmente aquelas que foram mais impactadas na pandemia. O que não pode é achar que a vida voltará ao normal conhecido anteriormente. Mudar é necessário! O exercício contínuo do marketing e vendas leva em direção à perfeição, por isso é preciso começar o quanto antes.

Para aprender sobre as mudanças, a dica é: colha informações. Não é mais possível admitir que uma empresa tome decisões sem informações, que estão disponíveis para todos. Deste modo, a recomendação é sempre capturar informações, sejam elas quais forem. Desenvolver sistemas de vigilância do mercado e captura de dados parece ser fundamental para a sobrevivência das empresas.

Buscar informações requer competências específicas, especialmente em pesquisa, e processos muito bem definidos para que tal dado não se perca. Muitas das informações relevantes estão em variados lugares, dispersas e disponíveis para quem quiser. Cabe ao profissional de marketing e vendas estar atento, apreender o que foi relevante e necessário, e guardar para uso posterior. Lembre-se sempre: **oportunidades, se fossem fáceis de serem vistas, todo mundo as veria!**

A dica final, portanto, forma um tripé: conhecimento-experiência-informação. Se o profissional de marketing e vendas desenvolver um tripé bem robusto, é muito provável que ele alcance o sucesso. E o momento é excepcionalmente bom para fazer surgir novos grandes nomes em marketing e vendas, afinal a pós-pandemia é um desafio para todos. Quem souber aproveitar o momento e se destacar, provavelmente, irá colher os frutos por vários anos. **Garanta que seja você!**

DICAS DE LEITURA

Aaker, D. A. (2011). **Relevância de Marca**. Grupo A.

Bazerman, M. H., & Neale, M. A. (1998). **Negociando Racionalmente, 2ª edição**. Grupo GEN.

Dranove, D., & Marciano, S. (2016). **Estratégia, 1ª edição.**. Editora Saraiva.

Ferrell, O. C., & Hartline, M. D. (2016). **Estratégia de Marketing - Teoria e Casos: Tradução da 6ª edição norte-americana** (3rd edição). Cengage Learning Brasil.

Futrell, C. M. (2014). **Vendas - fundamentos e novas práticas de gestão - 2ª edição** (2nd edição). Editora Saraiva.

Futrell, C. M. (2014). **Vendas: O Guia Completo** (12th edição). Grupo A.

Hair Jr., J.F., Celsi, M. W., & Ortinau, D. J. et al. (2014). **Fundamentos de Pesquisa de Marketing** (3rd edição). Grupo A.

Hawkins, D. (2018). **Comportamento do Consumidor** (13th edição). Grupo GEN.

Johnson, G., Scholes, K., & Whittington, R. (2011). **Fundamentos de Estratégia**. Grupo A.

Kerin, R. A., & Peterson, R. A. (2009). **Problemas de Marketing Estratégico**. Grupo A.

McQuail, D. (2013). **Teorias da Comunicação de Massa**. Grupo A.

Solomon, M. R. (2016). **O Comportamento do Consumidor** (11th edição). Grupo A.

Wood, M. B. (2015). **Planejamento de Marketing**. Editora Saraiva.

Zeithaml, V. A., Bitner, M. J., & Gremler, D. D. (2014). **Marketing de Serviços** (6th edição). Grupo A.

- editoraletramento
- editoraletramento.com.br
- editoraletramento
- company/grupoeditorialletramento
- grupoletramento
- contato@editoraletramento.com.br

- editoracasadodireito.com
- casadodireitoed
- casadodireito